☆はじめに☆

わたしたちは、日々、ことばを使っています。「話す」、「聞く」そして、「読む」、「書く」です。しかし、それよりも大切なことは、ことばで物事を考えるということです。

今、子どもたちに必要な力として、「読解力」や「自己表現（発信）力」などが課題と強調されていますが、これらの大木になるのが読み書きを中心とした国語力を育てることでしょう。

わたしたちは豊かな言語活動を進めるために、本書『ことばの習熟プリント　あそび編』シリーズを作成しました。低学年、中学年、高学年と、それぞれの子どもの発達に応じて、より楽しく興味・関心を持って学習がすすむように編集しました。

一日一ページ、ことばの楽しさ、面白さを味わいながら学習を進めていただきたいです。それに加え、子どもたちには読書をする機会をたくさん与え、少しでも論理的思考力が身につくことを願っています。

☆『ことばの習熟プリント　あそび編（中学年）』特長☆

わたしたちは、毎日、ことばを使って生活しています。ことばのない世界は考えられません。

ヘレン・ケラーは、小さいころの病気で、目が見えなくなり、耳も聞こえなくなり、話をすることもできなくなりました。そのとき、ことばを知りませんでした。何か気に入らないとすぐにおこり、楽しいことがあるとよろこぶ、といった感情しかありませんでした。

しかし、自分の周りには全てのものに名前があることなどを知っていくと、自分が悪かったなという心や、相手を思いやる心が育っていったのです。

ことばは、心と深いつながりがあるのです。

三年生になると、国語辞典を使い始めます。ここには「ことばのたからもの」がいっぱいあります。例えば、「ゆき」を調べると、雪のふり方によって、「ぼたん雪・こな雪・ざらめ雪・新雪・初雪・根雪・万年雪・風花」が出てきます。いろいろ調べてみると、おもしろいですよ。

各ページのタイトルの上に、むずかしさを表す★印があります。★は3年生、★★は4年生が対象です。

このプリントを使って、楽しんで学ぶなかで自然とことばがふえていってくれたらうれしいです。

☆ことばの習熟あそび編中学年　もくじ

◎いろいろな言葉　① …… 3
◎いろいろな言葉　② …… 4
◎いろいろな言葉　③ …… 5
◎いろいろな言葉　④ …… 6
◎いろいろな意味を持つ言葉　① …… 7
◎いろいろな意味を持つ言葉　② …… 8
◎いろいろな意味を持つ言葉　③ …… 9
◎こそあど言葉 …… 10
◎つなぎ言葉 …… 11
◎反対の意味の言葉　① …… 12
◎反対の意味の言葉　② …… 13
◎勉強4マス　① …… 14
◎勉強4マス　② …… 15
◎辞書で遊ぼう　① …… 16
◎辞書で遊ぼう　② …… 17
◎あるなしクイズ　① …… 18
◎あるなしクイズ　② …… 19
◎なぞなぞ　① …… 20
◎なぞなぞ　② …… 21
◎漢字の成り立ち …… 22
◎部首　① …… 23
◎部首　② …… 24
◎部首　③ …… 25
◎部首　④ …… 26
◎部首　⑤ …… 27
◎部首　⑥ …… 28
◎送りがな　① …… 29
◎送りがな　② …… 30
◎音訓かるた作り　① …… 31
◎音訓かるた作り　② …… 32
◎同じ読みをする漢字　① …… 33
◎同じ読みをする漢字　② …… 34
◎漢字でダジャレ　① …… 35
◎漢字でダジャレ　② …… 36
◎漢字でダジャレ　③ …… 37
◎読み方めい路　① …… 38
◎読み方めい路　② …… 39
◎二字・三字熟語 …… 40
◎四字熟語　① …… 41
◎四字熟語　② …… 42
◎四字熟語　③ …… 43
◎四字熟語　④ …… 44
◎特別な読みをする漢字　① …… 45
◎特別な読みをする漢字　② …… 46
◎漢字で遊ぼう　① …… 47
◎漢字で遊ぼう　② …… 48
◎漢字で遊ぼう　③ …… 49
◎漢字で遊ぼう　④ …… 50
◎漢字で遊ぼう　⑤ …… 51
◎漢字しりとり・クロスワード　① …… 52
◎漢字しりとり・クロスワード　② …… 53
◎漢字しりとり …… 54
◎パズル　① …… 55
◎パズル　② …… 56
◎道案内をする　① …… 57
◎道案内をする　② …… 58
◎慣用句　① …… 59
◎慣用句　② …… 60
◎慣用句　③ …… 61
◎慣用句　④ …… 62
◎慣用句　⑤ …… 63
◎ことわざ　① …… 64
◎ことわざ　② …… 65
◎ことわざ　③ …… 66
◎ことわざめい路　① …… 67
◎ことわざめい路　② …… 68
◎一年の主な祝日や季節行事 …… 69
◎クロスワード　5×5マス …… 70
◎クロスワード　6×6マス　① …… 71
◎クロスワード　6×6マス　② …… 72
◎クロスワード　6×6マス　③ …… 73
◎クロスワード　6×6マス　④ …… 74
◎クロスワード　6×6マス　⑤ …… 75
◎クロスワード　8×8マス　① …… 76
◎クロスワード　8×8マス　② …… 77
◎クロスワード　8×8マス　③ …… 78
◎中学年　答え …… 79

いろいろな言葉 ①

名前

月　日

①～④のりんごの木の仲間言葉《なかまことば》を[ ]から選《えら》んで、[ ]のりんごに書きましょう。

①

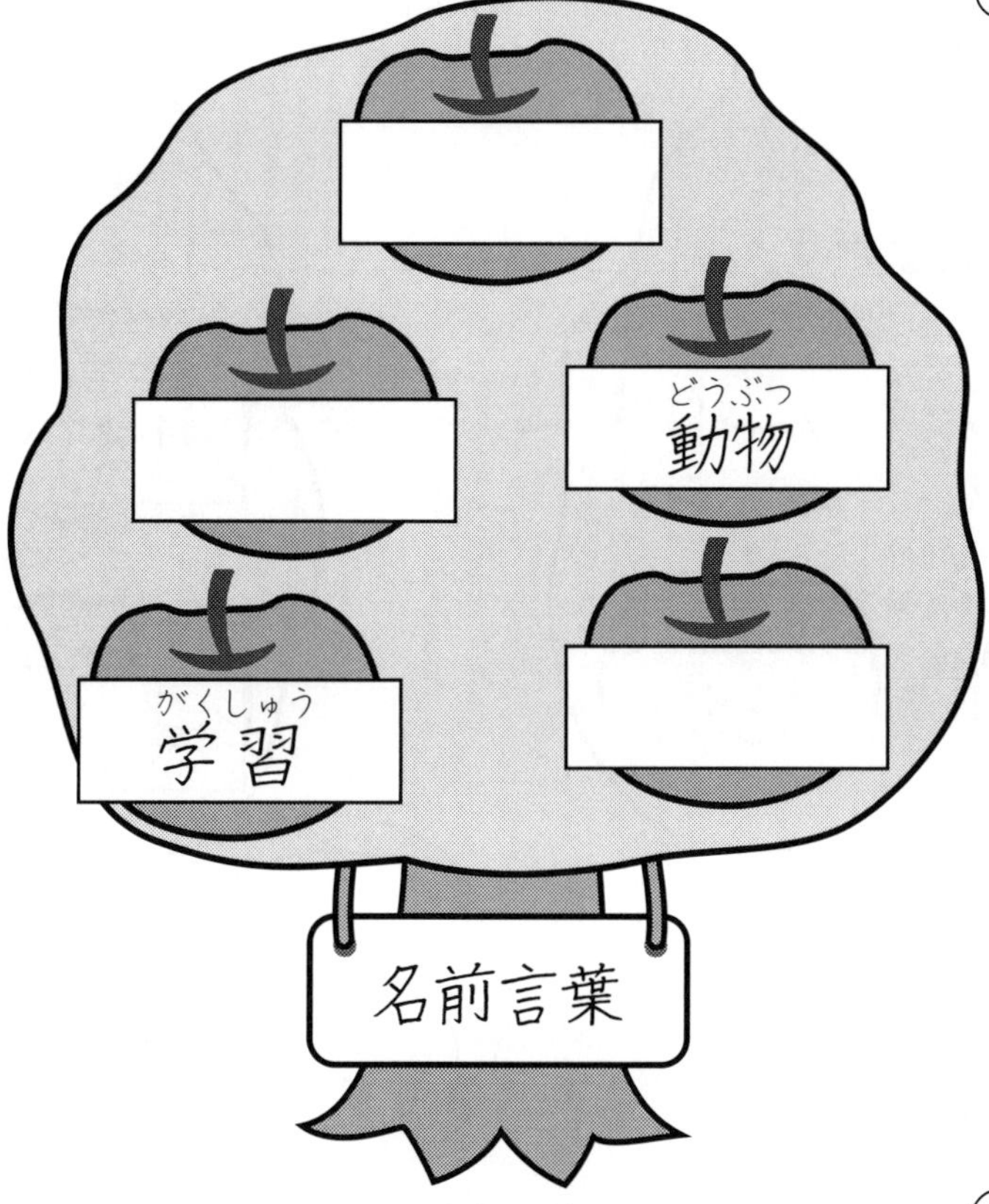

動物《どうぶつ》
学習《がくしゅう》
名前言葉

②

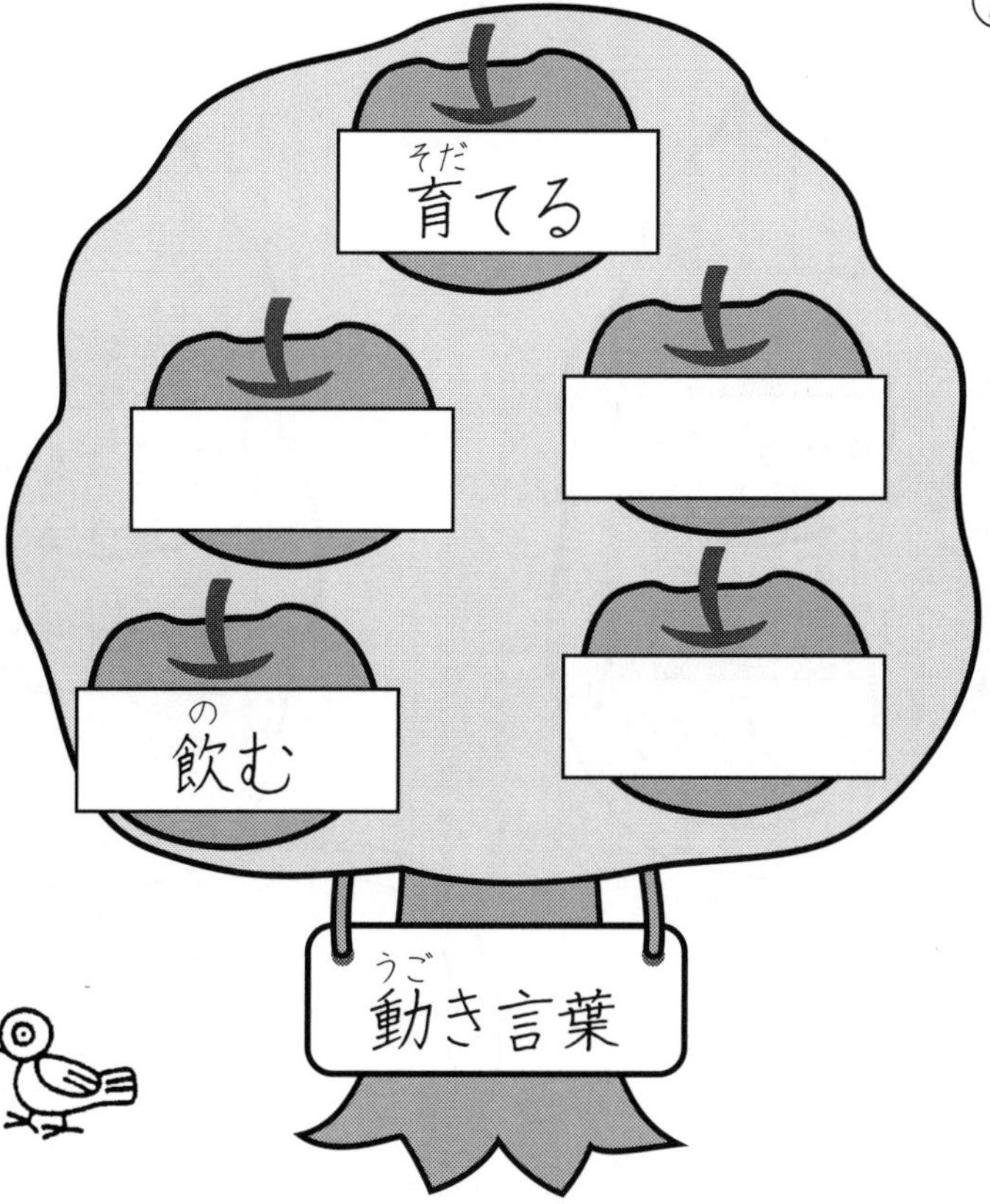

育《そだ》てる
飲《の》む
動《うご》き言葉

一学期《いちがっき》	拾《ひろ》う
かわいい	ピカピカ
登山《とざん》	感《かん》じる
アメリカ	黄色い
ゆっくり	遊《あそ》ぶ
ゆらゆら	かたい

③

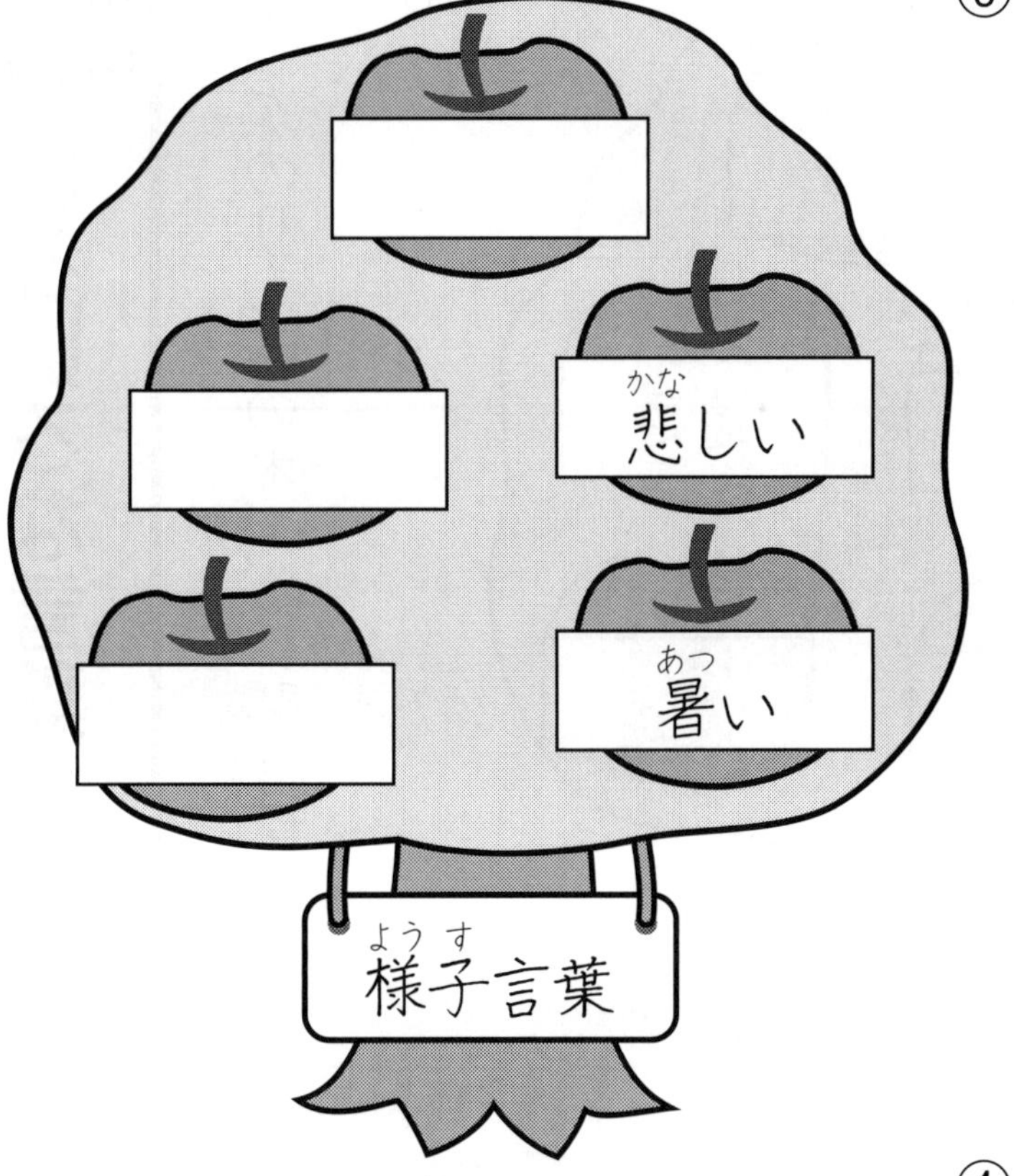

悲《かな》しい
暑《あつ》い
様子《ようす》言葉

④

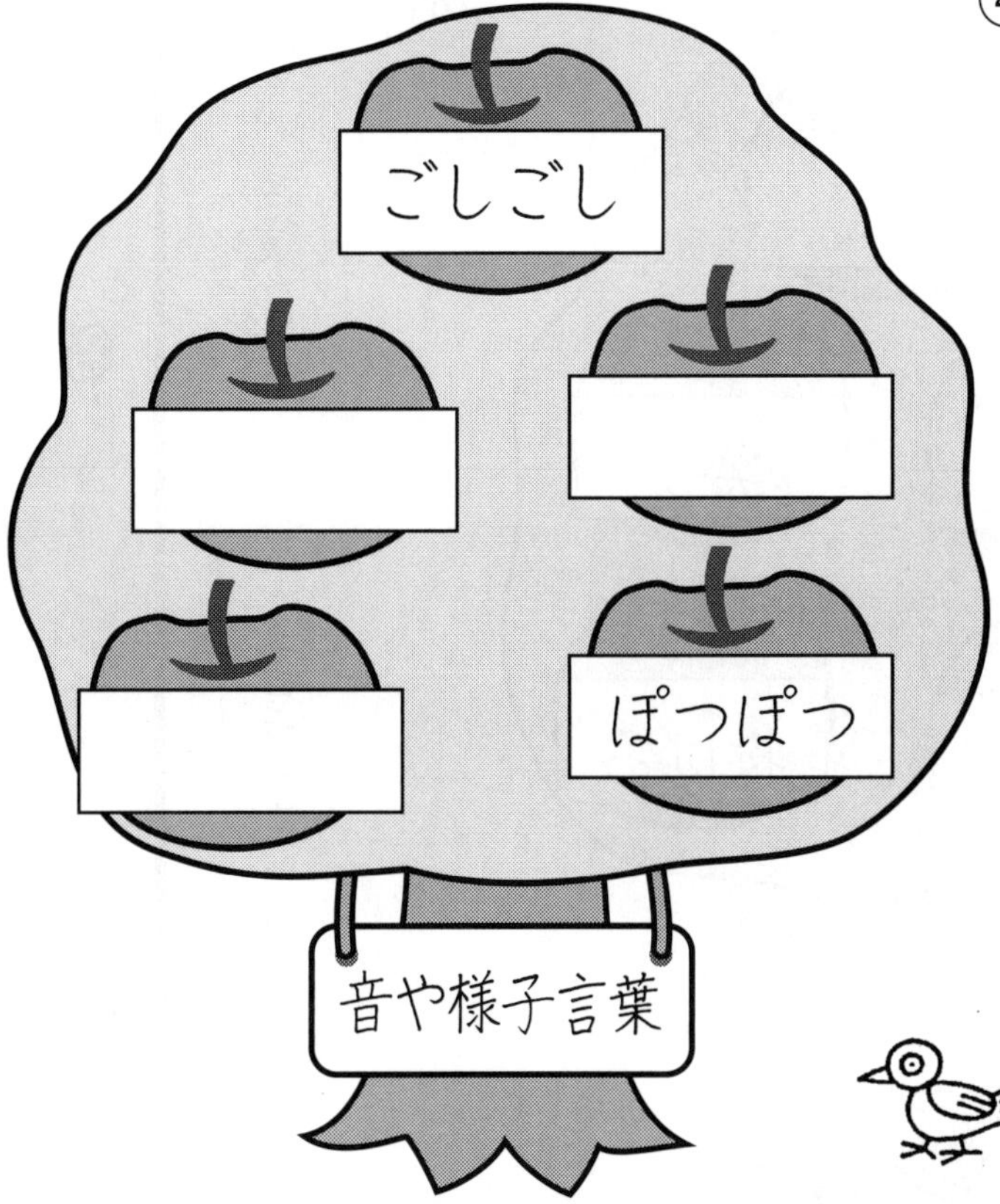

ごしごし
ぽつぽつ
音や様子言葉

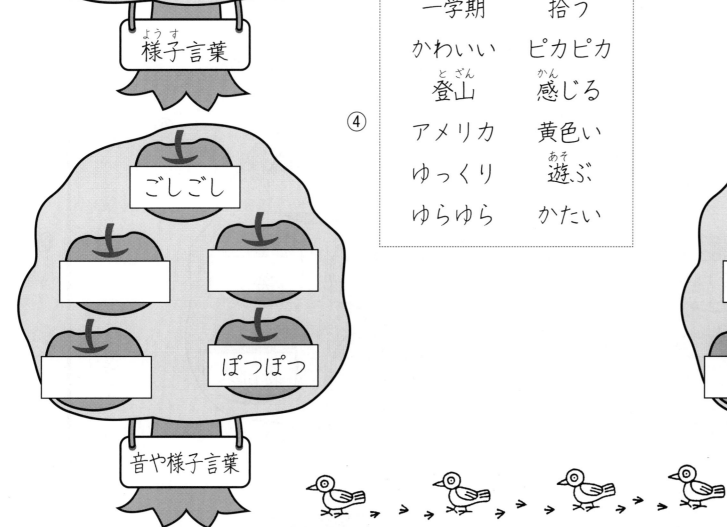

いろいろな言葉 ②

名前

月　　日

✿ 次《つぎ》のりんごの木で、仲《なか》間《ま》言《こと》葉《ば》にあてはまらない言葉を（　　）に書きましょう。

①
電車
遊《あそ》ぶ
遠足
公園
友達《ともだち》

名前言葉
（　　　）

②
読む
悲《かな》しむ
笑《わら》う
寒《さむ》い
投《な》げる

動《うご》き言葉
（　　　）

③
明るい
せまい
高い
苦《くる》しい
自転車《じてんしゃ》

様子《ようす》言葉
（　　　）

④
飛《と》ぶ
ワクワク
わくわく
ざらざら
ドンドン

音や気持《きも》ち言葉
（　　　）

⑤
先生
つくえ
ノート
教科書
花火

学校
（　　　）

⑥
むしゃむしゃ
もぐもぐ
がつがつ
ばったり
パクパク

食べる様子
（　　　）

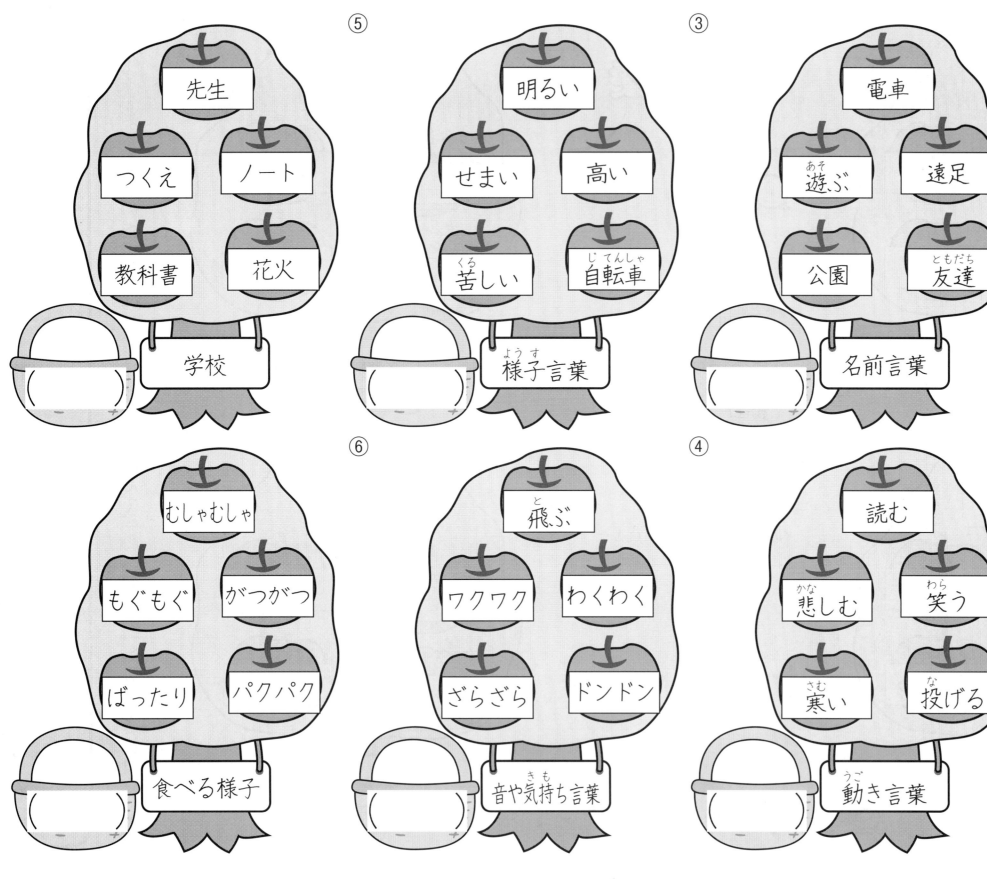

いろいろな言葉 ③

名前

月　日

次《つぎ》の言葉《ことば》から、仲間《なかま》でない言葉をさがして、○でかこみましょう。

①
文ぼう具《ぐ》
- えん筆《ぴつ》
- 消《け》しゴム
- 定《じょう》ぎ
- 時計

②
天気
- 晴れ
- 雪
- つらら
- きり

③
味《あじ》
- からい
- いたい
- あまい
- すっぱい

④
野菜《やさい》
- リンゴ
- トマト
- キュウリ
- ナス

⑤
服《ふく》
- シャツ
- セーター
- ハチマキ
- トレーナー

⑥
動物《どうぶつ》
- ニシキヘビ
- トノサマガエル
- オンブバッタ
- まねきねこ

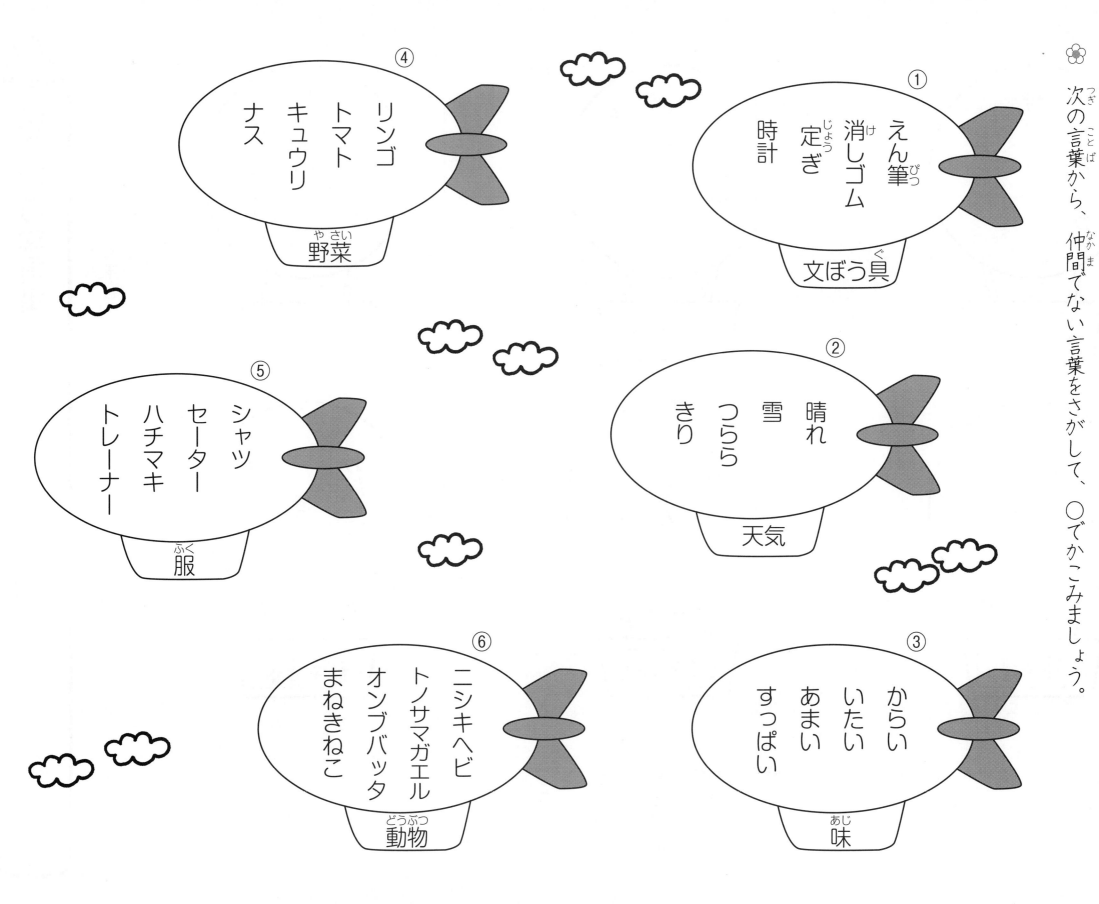

いろいろな言葉 ④

名前

月　日

次《つぎ》の□に入る言葉《ことば》を□から選《えら》んで書きましょう。

①
あんぱん
しなの川
ふじ山
□
名前言葉

②
明るい
暗《くら》い
あたたかい
□
様子《ようす》言葉

③
そして
また
だが
□
つなぎ言葉

④
これ
その
あの
□
こそあど言葉

⑤
走る
投《な》げる
食べる
□
動《うご》き言葉

ランチ
ライト
スプーン
トランプ
外来語

こちら
ところで
お母《かあ》さん
勉強《べんきょう》する
寒《さむ》い

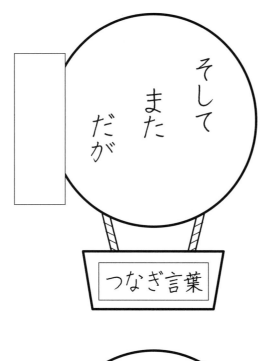

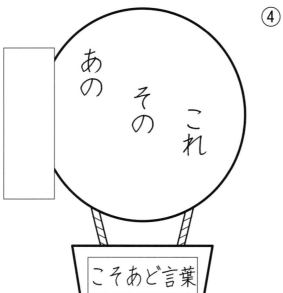

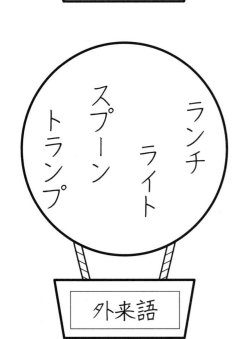

いろいろな意味を持《も》つ言葉《ことば》 ①

名前

月　日

1 次《つぎ》の「きる」の意味《いみ》を□から選《えら》んで記号《きごう》で答えましょう。

① 大根《だいこん》をきる　□

② 仲間《なかま》と手をきる　□

③ 話をきる　□

④ スイッチをきる　□

⑤ 先頭をきる　□

⑥ 水をきる　□

ア 切り上げること

イ 最初《さいしょ》に始《はじ》めること

ウ 水分をなくすこと

エ つき合いをやめること

オ いくつかに分けること

カ 電気を止めること

2 次の「とぶ」の意味を□から選んで記号で答えましょう。

① 鳥がとぶ　□

② とんで帰る　□

③ はん人が外国へとぶ　□

④ 話がとぶ　□

ア 空中を進《すす》むこと

イ 遠くへにげること

ウ 急《いそ》いで帰ること

エ 道すじからそれること

スズメ

ちゅんちゅんと鳴くのが「すず」が鳴くように聞こえた。それに、多く集《あつ》まることから「め」が付《つ》いて、「すずめ」となった。

ツバメ

ちゅばちゅばと鳴く声が「つば、つば」と聞こえた。たくさん集まるので、「め」が付いて「つばめ」となった

いろいろな意味《いみ》を持《も》つ言葉 ②

名前

月　日

（　）には、どれも同じ言葉《ことば》が入ります。□から選《えら》んで□に書きましょう。

①
㋐ 写真《しゃしん》を
㋑ キノコを
㋒ 手に
㋓ 虫を
（　　　）。

②
㋐ 木を
㋑ 電話を
㋒ スタートを
㋓ トランプを
（　　　）。

③
㋐ アンテナが
㋑ いすから
㋒ 波《なみ》が
㋓ 湯気《ゆげ》が
（　　　）。

④
㋐ 二階《にかい》へ
㋑ ねだんが
㋒ プールから
㋓ 雨が
（　　　）。

⑤
㋐ 大学に
㋑ 時間が
㋒ 船が港《みなと》に
㋓ 電車が
（　　　）。

⑥
㋐ 夏の服《ふく》に
㋑ 部屋《へや》の空気を
㋒ 方向《ほうこう》を
㋓ ピッチャーを
（　　　）。

シャボン玉

ポルトガルという国から伝わった石けん。そこからシャボンという言葉が生まれた。それで、石けん水で飛《と》ばしたあわをシャボン玉とよんだ。

進《すす》む　上がる　切る
とる　かえる　たつ

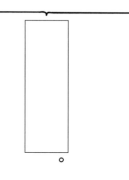

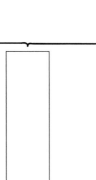

いろいろな意味《いみ》を持《も》つ言葉　③

名前

月　日

1 次《つぎ》の（　）に入る言葉《ことば》を□から選《えら》んで書きましょう。

(1)「とる」

① 病院《びょういん》で、かんごしさんが（　）をとる。

② お花見をするために（　）をとる。

③ かわいいネコの（　）をとる。

④ あいさつをするときは、（　）をとる。

⑤ 服《ふく》についた（　）をとる。

ゴミ　場所《ばしょ》　ぼうし　写真《しゃしん》　みゃく

(2)「つける」

① 先生がテストの（　）をつける。

② 一年生は学校で（　）をつける。

③ 暗《くら》いので部屋《へや》の（　）をつける。

④ ミニトマトが（　）をつける。

⑤ 土曜日は宿題の（　）をつける。

実《み》　日記　電気　名札《なふだ》　点数

2 次の（　）に入る言葉を□から選んで書きましょう。

(1)「つく」

① 兄の後に（　）。

② 新かん線が駅《えき》に（　）。

③ 荷物《にもつ》が（　）。

④ よごれが服に（　）。

付く　着く

(2)「あける」

① 家を（　）。

② 夜が（　）。

③ まどを（　）。

④ 席《せき》を（　）。

開ける　空ける　明ける

こそあど言葉

名前

月　日

――線が指《さ》す言葉《ことば》を、㋐〜㋒の中から選《えら》んで記号《きごう》で答えましょう。

①

今日《きょう》、公園で遊《あそ》んだ。あそこは、ブランコがある。

㋐ ブランコ
㋑ 今日
㋒ 公園

（　　）

②

家でうさぎをかっています。それは、とてもかわいいです。

㋐ うさぎ
㋑ 家
㋒ 妹

（　　）

③

母が作ったホットケーキが好《す》きです。これは、何まいでも食べられます。

㋐ 好きです
㋑ ホットケーキ
㋒ わたし

（　　）

④

山の上に建物《たてもの》があります。あれは、山小屋《やまごや》です。

㋐ 山
㋑ 建物
㋒ 山の上

（　　）

⑤

田んぼの向《む》こうに赤い屋《や》根《ね》の家が見えます。あの家はおじいさんの家です。

㋐ 赤い屋根
㋑ 田んぼ
㋒ おじいさん

（　　）

⑥

弟がアイスを食べていた。それは、わたしのものだと言った。

㋐ わたし
㋑ 弟
㋒ アイス

（　　）

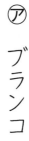

つなぎ言葉

名前

月　日

❀ 次《つぎ》のめい路《ろ》の□に入るつなぎ言葉《ことば》を①か②で選《えら》び、選んだ数字の方に進《すす》み、ゴールを目指《めざ》しましょう。

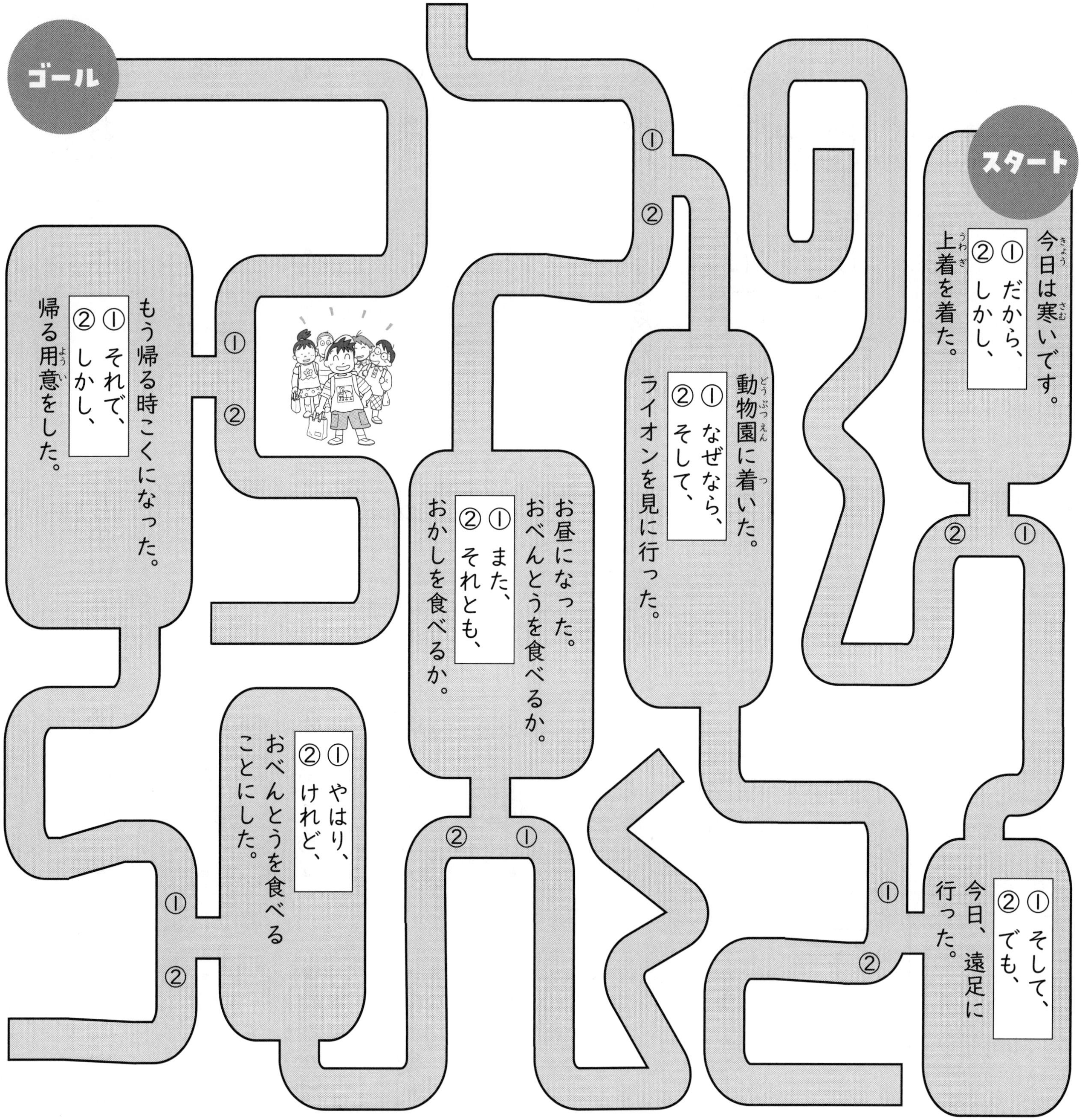

スタート
今日《きょう》は寒《さむ》いです。
①だから、②しかし、
上着《うわぎ》を着た。
動物園《どうぶつえん》に着《つ》いた。
①なぜなら、②そして、
ライオンを見に行った。
今日、
①そして、②でも、
遠足に行った。
お昼になった。
①また、②それとも、
おべんとうを食べるか。おかしを食べるか。
①やはり、②けれど、
おべんとうを食べることにした。
もう帰る時こくになった。
①それで、②しかし、
帰る用意《ようい》をした。
ゴール

おもちゃ

子どもが遊《あそ》ぶ道具《どうぐ》を指《さ》す。これは元もと「持《も》ち遊び」という言葉だった。手に持って遊ぶことから「持ち遊び」となり、やがて「もちゃそび」になり、ていねい語の「お」がくっついて「おもちゃ」となったようだ。

イモリ

池や井戸《いど》にすみついて、井戸を守《まも》ると考えられる「イモリ」。水中の小虫を食べる。カエルと同じく空気中でもこきゅうができる。

ヤモリ

トカゲににた小動物《しょうどうぶつ》で、おなかが赤いことから「アカハラ」ともよばれる。人の家にすみ、カやハチなどの害虫《がいちゅう》を食べてくれることから、「家守」と書いて、ヤモリとよばれる。

反対の意《い》味《み》の言葉 ①

名前　　　　　　　　月　　日

1 次《つぎ》の言葉《ことば》の反対《はんたい》になる言葉を線で結《むす》びましょう。

(1)

① かたい・　　・㋐ まずい
② おいしい・　　・㋑ やわらかい
③ つかむ・　　・㋒ 散《ち》らばる
④ 落《お》とす・　　・㋓ 放《はな》す
⑤ 集《あつ》まる・　　・㋔ 別《わか》れる
⑥ 会う・　　・㋕ 拾《ひろ》う

(2)

① 登校《とうこう》・　　・㋐ 成功《せいこう》
② 欠席《けっせき》・　　・㋑ 出席
③ 失敗《しっぱい》・　　・㋒ 下校
④ 教える・　　・㋓ かす
⑤ 借《か》りる・　　・㋔ 便利《べんり》
⑥ 不便《ふべん》・　　・㋕ 学ぶ

2 次の絵にあてはまる反対の言葉を□に書きましょう。

①

弟は［上］。
兄は［　　］。

②

［冷《つめ》たい］ジュース。
［　　］コーヒー。

③

りんごは［多い］。
みかんは［　　］。

④
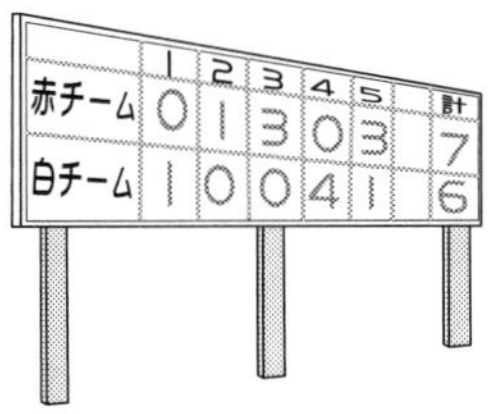

7対6で［　　］。
6対7で［　　］。

⑤

せが［　　］。
せが［　　］。

コウモリ
夕ぐれ時、鳥のようにつばさで飛《と》び、虫をたくさん食べてくれるコウモリ。昔《むかし》の人は、川を守《まも》ると考え、「川守《かわも》り」「コウモリ」とよんだ。

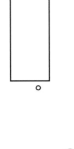

反対の意味《いみ》の言葉 ②

名前

月　日

次《つぎ》の言葉《ことば》の反対《はんたい》になる言葉を選《えら》んで、□に書きましょう。

① 止まる ↔ □

② 寒《さむ》い ↔ □

③ 明るい ↔ □

④ 終《お》わる ↔ □

⑤ 長い ↔ □

⑥ 重《おも》い ↔ □

⑦ 高い ↔ □

⑧ 生きる ↔ □

低《ひく》い　暑《あつ》い　死《し》ぬ　暗《くら》い　軽《かる》い　始《はじ》まる　短《みじか》い　動《うご》く

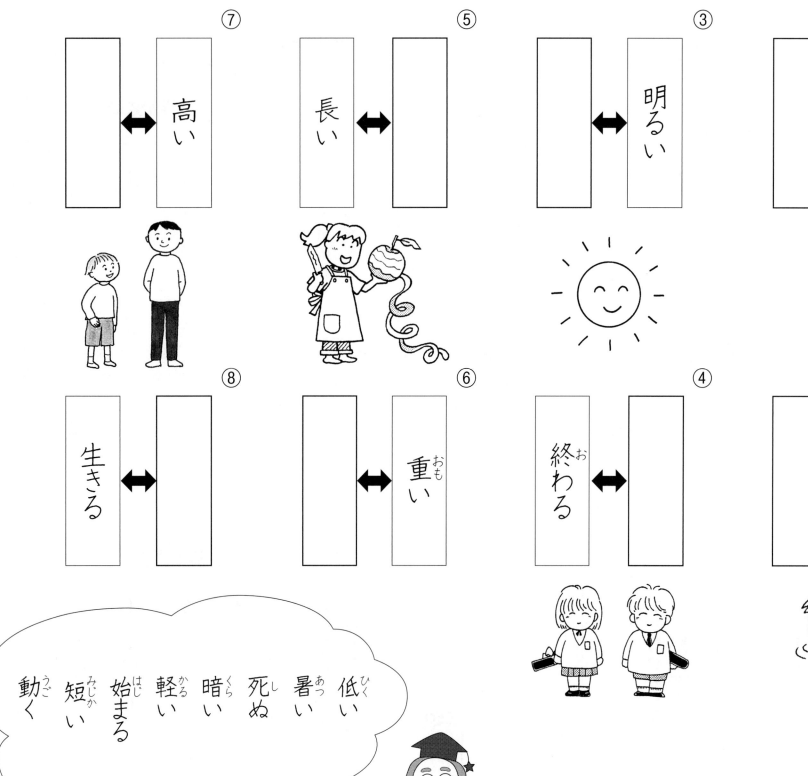

勉強《べんきょう》4マス ①

名前

月　日

ヒントを見て、□に入る字を書きましょう。

1

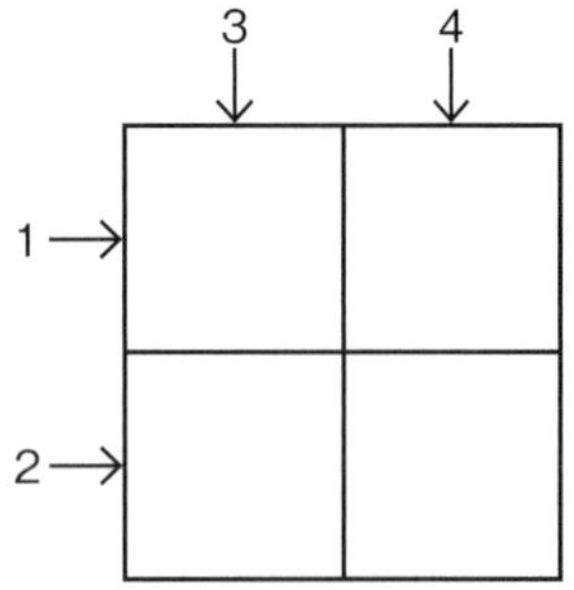

1 米がとれる植物《しょくぶつ》。

2 かんきょうに良《よ》いこと ○○バック　など。

3 人が住《す》む建物《たてもの》。

4 人気の動物《どうぶつ》。マタタビが好《す》き。

2

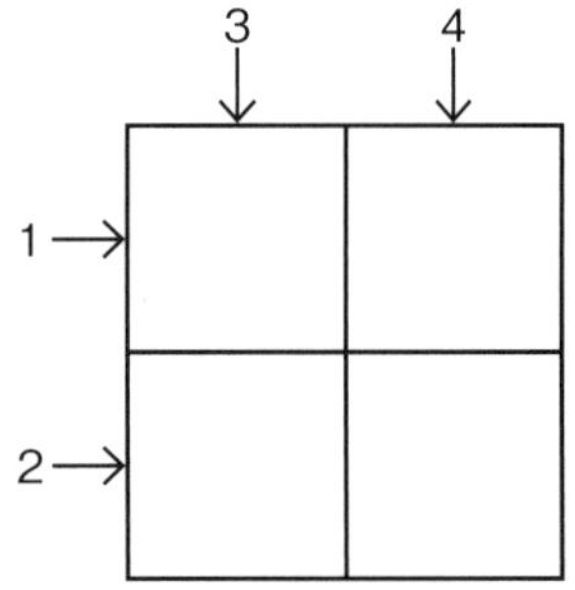

1 季節《きせつ》の名前。

2 よごれたところ。

3 体の一部《いちぶ》。四本ある動物もいる。

4 たまごの黄色。わたしと○○。

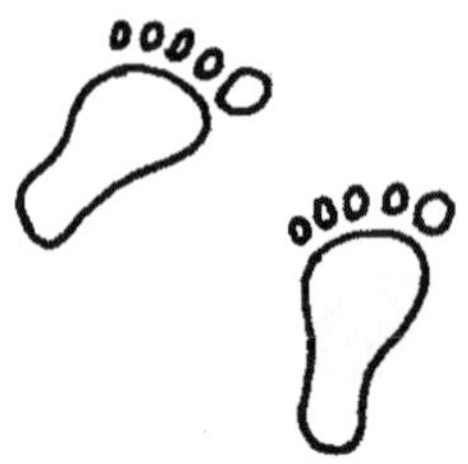

3

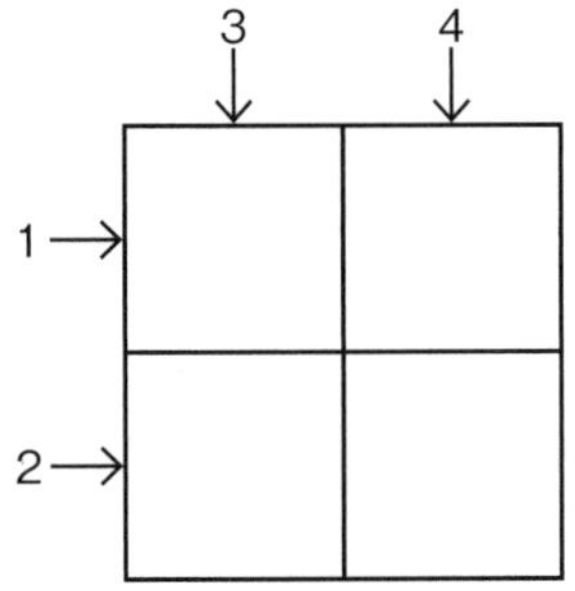

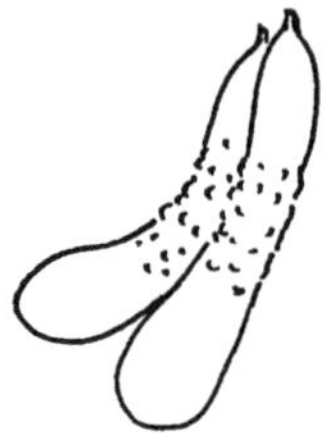

1 きゅうりは○○科の野菜《やさい》。スイカも仲間《なかま》です。

2 見えなくするぬの。「○○が開《あ》く」などといわれる。

3 友達《ともだち》と気が合う「○○が合う」。

4 海の反対《はんたい》は「○○」。大地ともいう。

4

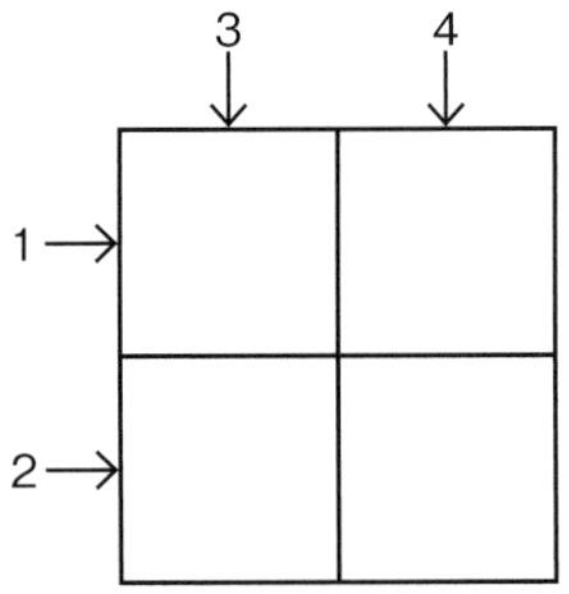

1 鳥や虫を育《そだ》てるための食《た》べ物《もの》。魚つりにも使《つか》う。

2 花の種類《しゅるい》。秋にさく花。

3 電車や列車《れっしゃ》がとまるところ。

4 木や竹などで作ったかこい。

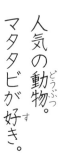

勉強《べんきょう》4マス ②

名前

月　日

❀ ヒントを見て、□に入る字を書きましょう。

1

1 夜が明けてからしばらくの間。「○○、昼、夜」。

2 家の中で、板《いた》を平《たい》らにはっている所《ところ》。

3 夏をつげる魚。きれいな川にすむ。

4 ななめになっている道。「○○道」。

2

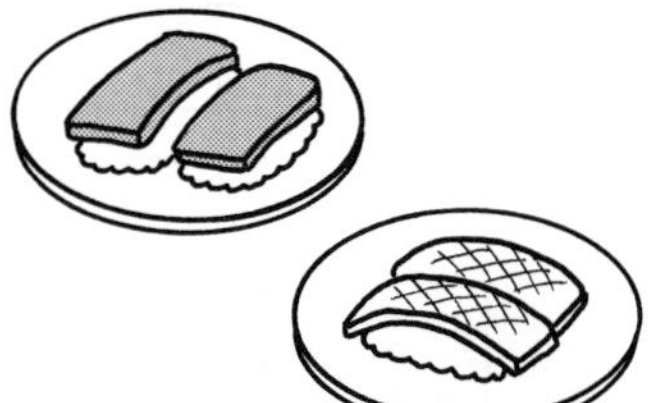

1 岩より小さくて、すなより大きいもの。「○○の上にも三年」。

2 「すめし」に具《ぐ》をのせて食べるもの。最近《さいきん》は「回転《かいてん》○○」が人気。

3 人がすわる家具《かぐ》。こしかけともいう。

4 ライオンの別《べつ》の読み方。「○○まい」など。

3

1 ねているときに見るもの。

2 「○○メダルは一位《い》の人がもらう」。

3 氷《こおり》のつぶとなってふってくる白いもの。冬に「○○だるまを作る」。

4 「ワタ」ともいう。服《ふく》やふとんなどの材《ざい》料《りょう》になる。

4

1 物《もの》をおさめる入れ物。「だんボール○○に入れる」。

2 周《まわ》りを海でかこまれた陸地《りくち》。「日本は○○国だ」。

3 川などの上につくられた道や線路《せんろ》。

4 手やひもで回転させて遊《あそ》ぶおもちゃ。「お正月は、○○をまわして遊びます」。

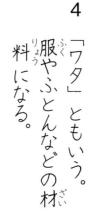

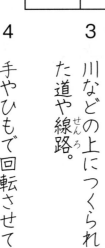

辞書で遊ぼう ①

名前　　　　月　　日

しりとり遊《あそ》び　辞書《じしょ》を使《つか》って□に言葉《ことば》をあてはめましょう。
※すべてひらがなで書きます。「っ→つ」「ば、ぱ→は」とします。

(1)
① しまうま → □ → □ → □ → □

② えんとつ → □ → □ → □ → □

③ 食《た》べ物《もの》　しゅうまい → □ → □ → □ → □

④ 動物《どうぶつ》　おっとせい → □ → □ → □ → □

(2) 始《はじ》めの言葉と終《お》わりの言葉をつなぎましょう。
① すいか → □り → り□ → ご□ → うぐいす

② あめだま → □と → ど□ → つ□ → きんぎょ

③ らくごか → □し → し□ → ず□ → うめぼし

テントウムシ
「天道虫」と書き、神様《かみさま》の虫のように考えられている。この虫は高いところに登《のぼ》り、そこからまるで天に向《む》かって飛び立つように見える。このような行《こう》動《どう》から、天の神様の使《つか》いといわれている。

ゴキブリ
大昔《おおむかし》から生きているこん虫。元は「ごきかぶり」とよばれ、おわんをかぶっていた虫という。なるほど、今でも台所《だいどころ》をすみかにしている。

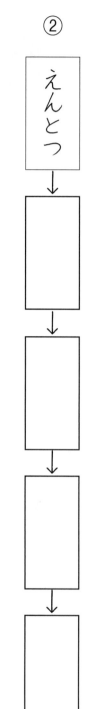

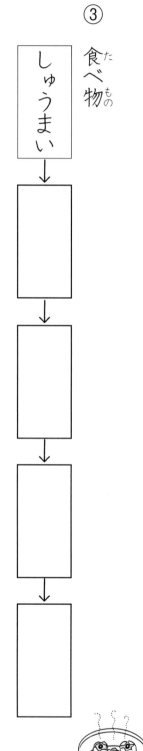

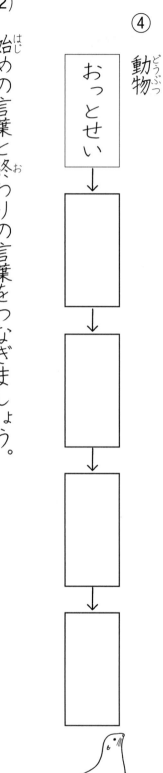

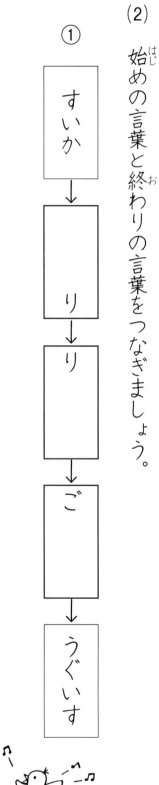

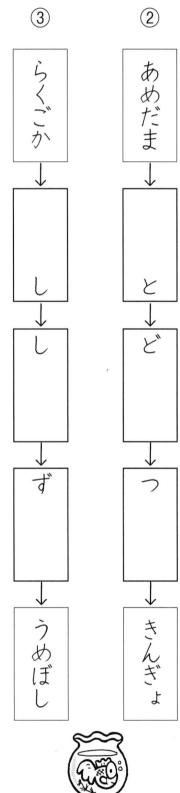

辞書で遊ぼう ②

名前

月　日

❀ 次《つぎ》の言葉《ことば》を辞書《じしょ》を使《つか》って調《しら》べて、その言葉の意味《いみ》を（　）に書きましょう。

①

げんこつ
（かたくにぎった手のこと。にぎりこぶし。）

にぎりこぶし
（　）

②

元たん
（　）

元日
（　）

③

パズル
（　）

クイズ
（　）

④

けい察官《さつかん》
（　）

おまわりさん
（　）

⑤

ぼうさん
（　）

そうりょ
（　）

⑥

ラーメン
（　）

中かそば
（　）

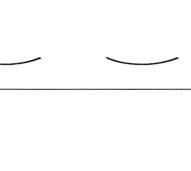

あるなしクイズ①

名前

月　日

「ある」という言葉《ことば》のグループと「ない」というグループに分かれています。「ある」に共通《きょうつう》する何かを見つけましょう。

①

ある	ない
おりがみ	えんぴつ
さしみ	にく
うみ	やま
せみ	トンボ
ねずみ	ウサギ

※ならんでいる言葉をよく見ましょう。

（　　　　　）

②

ある	ない
イチゴ	リンゴ
ニラ	ネギ
サンマ	イワシ
シーソー	ブランコ
ゴマ	ミソ

※言葉に何かがかくれています。

（　　　　　）

③

ある	ない
バンビ	シカ
ビール	コーラ
ブランコ	シーソー
ベルト	シート
ボール	ヒット

※言葉の始《はじ》めの字を見ましょう。

（　　　　　）

④

ある	ない
雪	雨
牛にゅう	コーヒー
きゅう急《きゅう》車	消《しょう》ぼう車
タンポポのわたげ	タンポポの花
豆《とう》ふ	こんにゃく

※それぞれの物《もの》の様子《ようす》をよく見てください。特《とく》ちょうがあります。

（　　　　　）

⑤

ある	ない
ハサミ	えん筆《ぴつ》
カッター	物差《ものさ》し
のこぎり	金づち
包丁《ほうちょう》	まな板《いた》
つめ切り	体温計《たいおんけい》

※何に使《つか》いますか。

（　　　　　）

⑥

ある	ない
のり	かみ
じしゃく	てつ
テープ	ハサミ
マジックテープ	マジックペン
ばんそうこう	ほうたい

※使い方がヒントです。

（　　　　　）

あるなしクイズ②

名前

月　日

「ある」という言葉《ことば》のグループと「ない」というグループに分かれています。「ある」に共通《きょうつう》する何かを見つけましょう。

①

ある	ない
鹿《しか》	イノシシ
牛	馬
キリン	シマウマ
サイ	かば
おに	人

※すがたをよく思い出してください。強そうなイメージです。

（　　　　　　）

②

ある	ない
イヌ	ネコ
サル	ゴリラ
キジ	カラス
おに	かぶ
もも	みかん

※お話を思い出してください。みんなが知っているものです。

（　　　　　　）

③

ある	ない
パンダ	くま
ピーナッツ	えだ豆《まめ》
プリン	ケーキ
ペン	えんぴつ
ポット	やかん

※言葉の始《はじ》めの字を見ましょう。

（　　　　　　）

④

ある	ない
メダカ	シシャモ
うで時計	みかん
はなび	たきび
あくび	おなら
ミミズ	ヘビ

※何かがかくれています。

（　　　　　　）

⑤

ある	ない
ふたご	三つ子
ヤギ	馬
サソリ	ムカデ
カニ	ヤドカリ
天びん	体重計《たいじゅうけい》

※夜空をながめるのは好《す》きですか。

（　　　　　　）

⑥

ある	ない
マフラー	手ぶくろ
種《たね》	花
塩《しお》	さとう
ネジ	くぎ
包帯《ほうたい》	ばんそうこう

※どのように使いますか。

（　　　　　　）

なぞなぞ ①

名前　　　　月　　日

次《つぎ》のなぞなぞの答えを書きましょう。

① 頭や足をふまれてもおこらないのは何？

② とりの中でも「ん」がきらいなとりは何？

③ こわれたテレビのねだんは何円でしょうか。

④ お寺のおぼうさんでもなくて、食べる「てら」は何？

⑤ いつも転《ころ》んでいる「ムシ」は何？

⑥ いつも飲むとおこられる飲み物は何？

⑦ 店の中にスリがかくれている店は、何屋《なにや》？

屋

⑧ あるとりがとまると、木がかれた。何のとり？

⑨ どんな人でも止められないですぎていくのは何？

⑩ 畑《はたけ》で「は」をかくしたら、生えてくるものは何？

ヒント

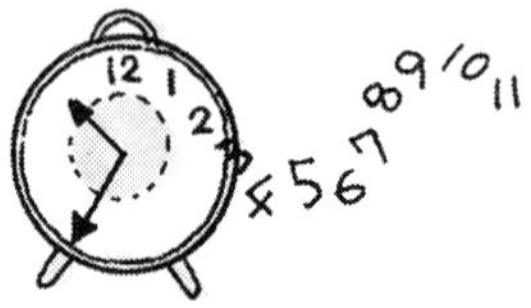

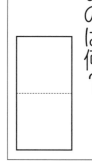

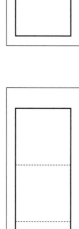

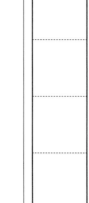

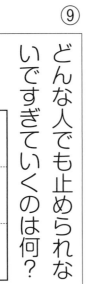

なぞなぞ ②

名前

月　日

次《つぎ》のなぞなぞの答えを書きましょう。

① タヌキのタカラ箱《ばこ》に入っているのは何？

② ナイスなスイカになるのは何？

③ 一本の輪《わ》になったヒモで遊《あそ》ぶトリは何？

④ イスはイスでも、ホーホケキョと鳴くのは何イス？

⑤ まみむねものかん板《ばん》は何屋《なにや》さん？

屋

⑥ おしゃべり大好《だいす》きな道具《どうぐ》は何？

⑦ 新しい車は新がた。古い車は何がた？

⑧ 「残《のこ》った、残った」と言ってイス取《と》りゲームをする人はだれ？

⑨ いつも漢字《かんじ》を書くには何トリ？

⑩ 玉子焼《や》きを焼くのはフライパン。空を飛《と》び回るのは何パン？

ヒント

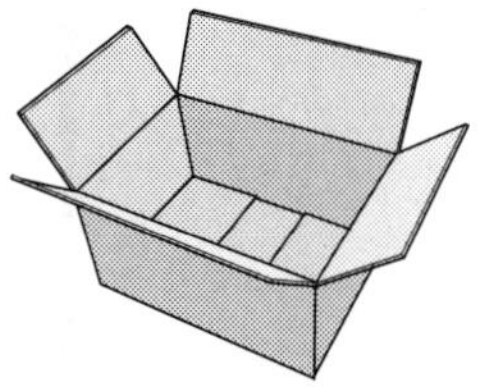

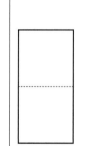

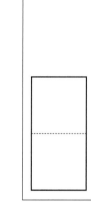

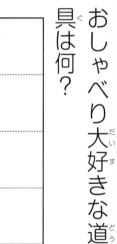

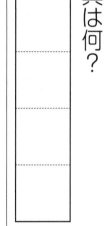

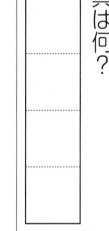

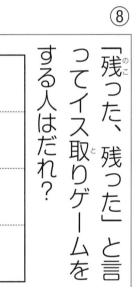

漢字の成《な》り立《た》ち

名前

月　日

1 あみだくじをしてできる漢字《かんじ》を書きましょう。

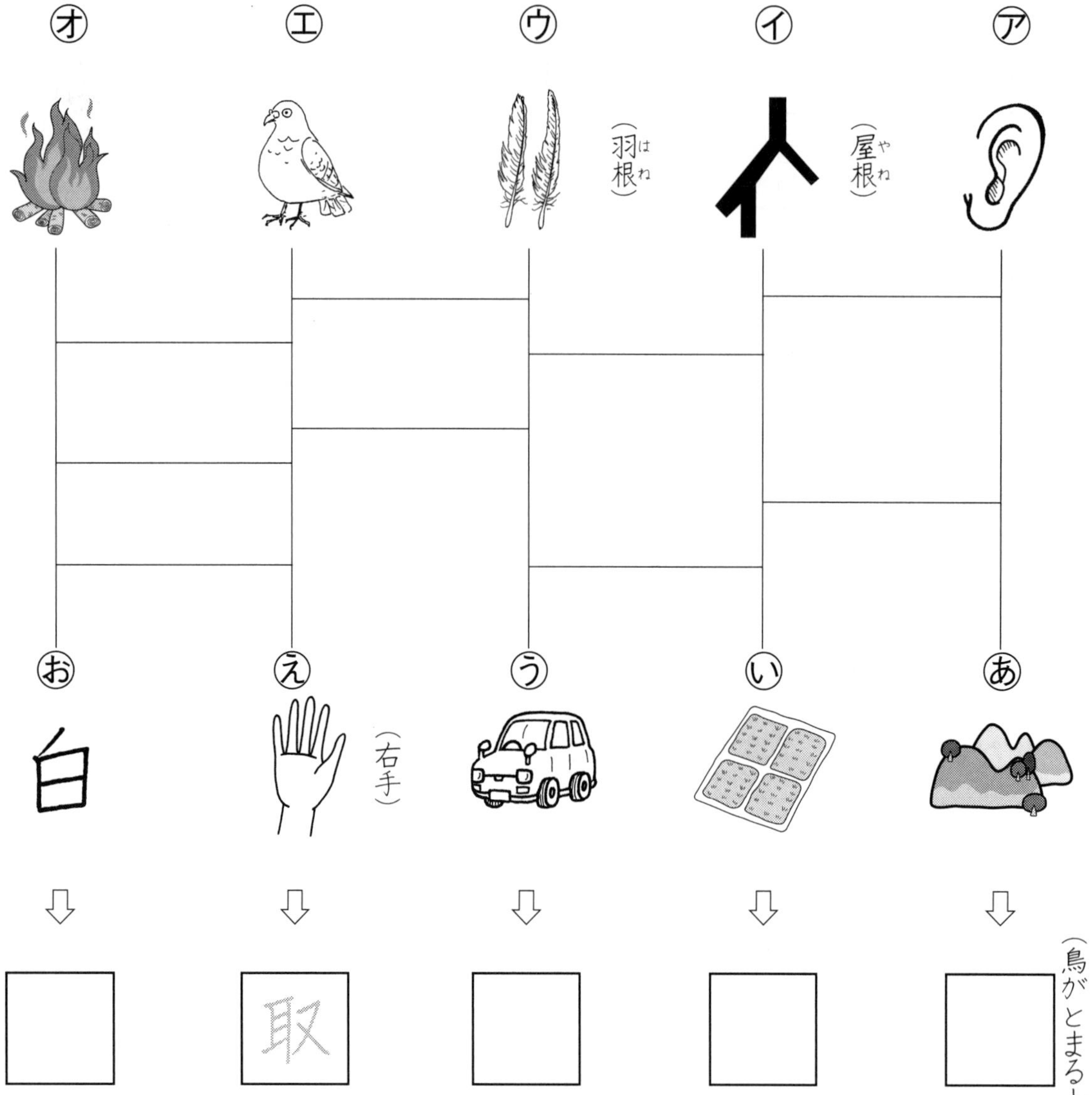

庫	畑	取	習	島

じゃんけん
江戸時代《えどじだい》に中国から伝《つた》えられた「りゃんけん」という遊《あそ》びからできた。手の指《ゆび》の動作《どうさ》で勝負《しょうぶ》をする遊びを「けん」といい、指二本を出す形を「りゃんけん」といっていた。

2 ㋐～㋓とあ～えのカードを線で結《むす》んで、漢字を書きましょう。

①
㋐ 口 ・　・あ 尺 ⇨ □
㋑ 日 ・　・い 官 ⇨ □
㋒ 馬 ・　・う 未 ⇨ □
㋓ 食 ・　・え 音 ⇨ □

②
㋐ 艹 ・　・あ 何 ⇨ □
㋑ 相 ・　・い 廷 ⇨ □
㋒ ⺮ ・　・う 相 ⇨ □
㋓ 广 ・　・え 心 ⇨ □

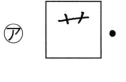

部首 ①

名前

月　日

1 次《つぎ》の絵からできた部首《ぶしゅ》を線《せん》で結《むす》びましょう。

(1)

ア　イ　ウ　エ　オ

あ 辶（しんにょう）

い 亻（にんべん）

う 孑 子

え 扌 手

お 忄 心

(2)

ア　イ　ウ　エ　オ

あ 衤 衣

い 木 木

う 門（もんがまえ）

え 广（まだれ）…屋根《やね》のこと

お 宀（うかんむり）…屋根、または家

2 あみだくじをしてできる漢字《かんじ》を書きましょう。

ア　イ　ウ　エ　オ

あ 永 ⇩ □

い 勿 ⇩ □

う ヨ ⇩ □

え 尺 ⇩ □

お 月 ⇩ □

部《ぶ》首《しゅ》②

名前

月　日

1 めい路《ろ》にちょう戦《せん》。と中に出合った「日」が付《つ》く漢字《かんじ》を書きましょう。

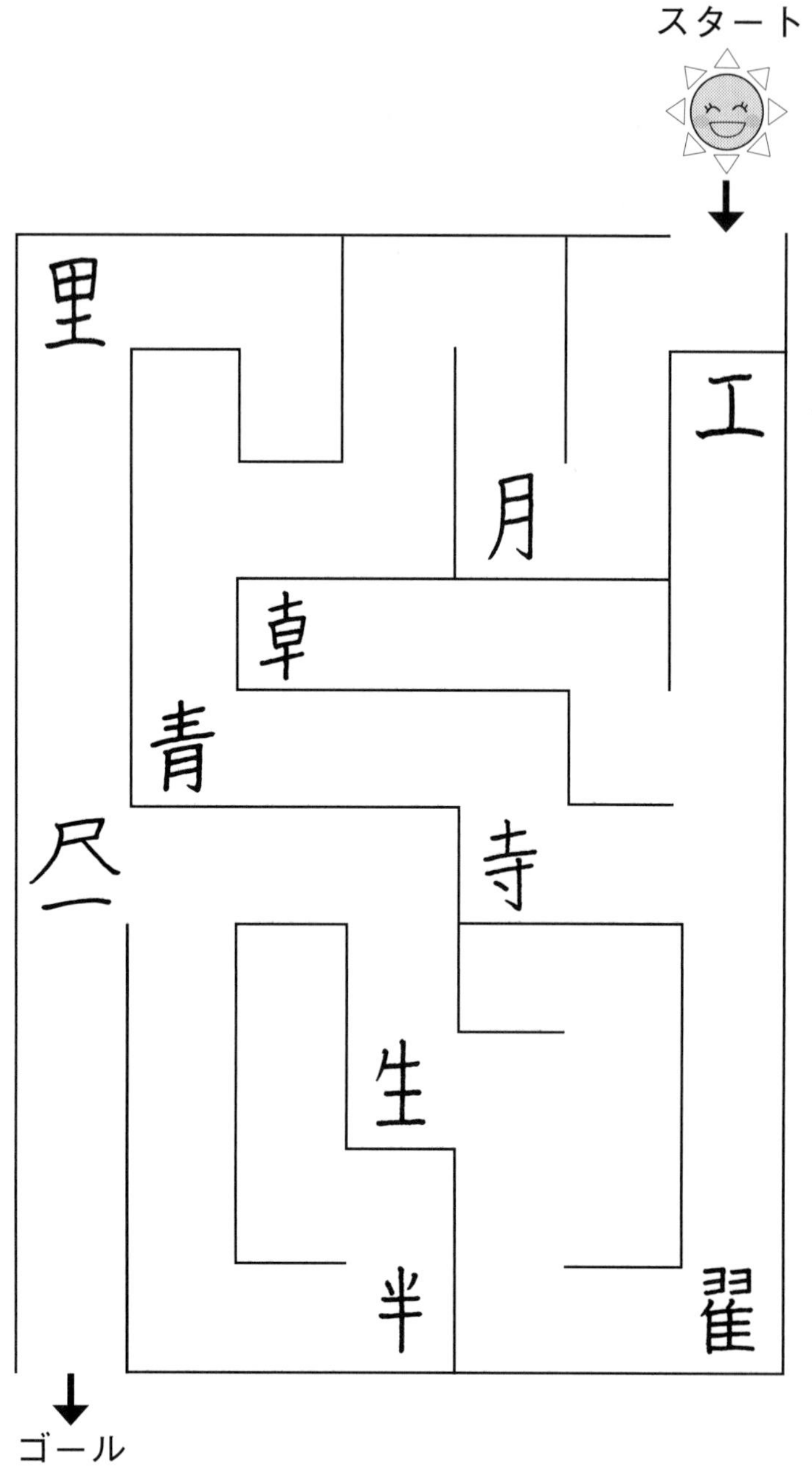

できた漢字は……

2 さんずい（氵）と、いとへん（糸）の漢字を二こずつ見つけましょう。

① さんずい（氵）の漢字

② いとへん（糸）の漢字

部《ぶ》首《しゅ》 ③

名前

月　日

1 次《つぎ》の絵を見て、水に関係《かんけい》する漢字《かんじ》を□から選《えら》んで書きましょう。

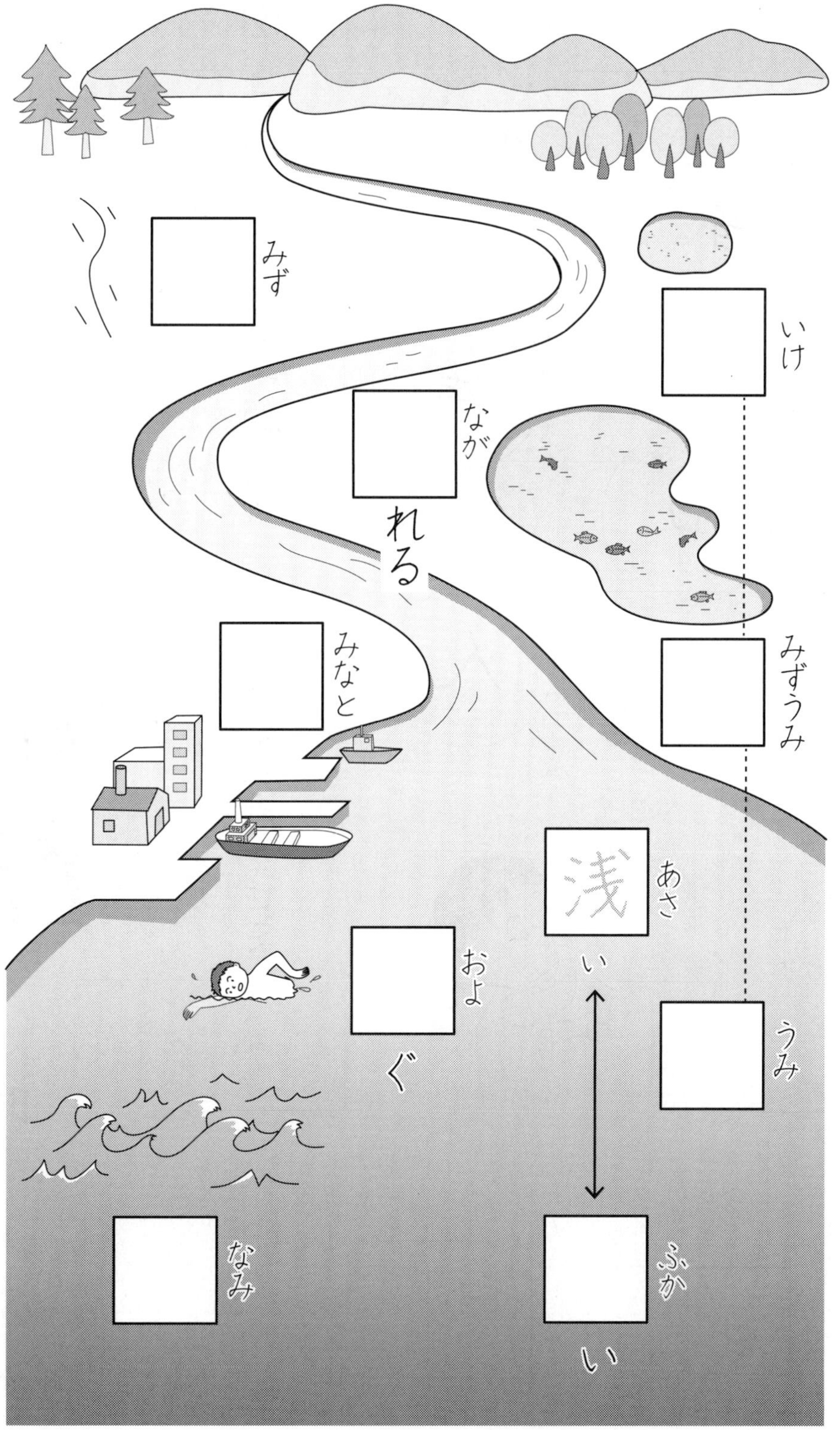

浅　水　泳　池　湖　海　波　深　港　流

2 次の文を見て、□から漢字を選んで書きましょう。

① □《あたた》かいお□《ゆ》をコップに□《そそ》ぐ。

② □《みずうみ》の□《かん》字《じ》を□《け》す。

③ □《き》船《せん》では、南《なん》□□《ぴょうよう》まで行《い》けない。
（「南極海《なんきょくかい》」の古いよび方）

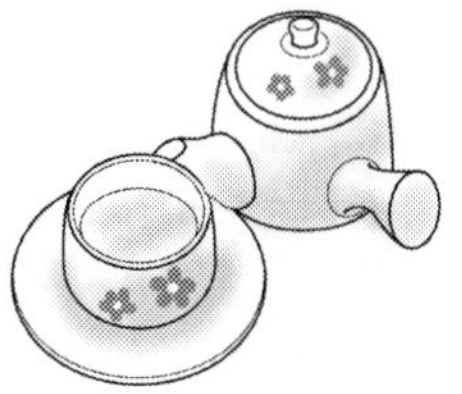

注　温　湯

漢　消　湖

洋　氷　汽

部首《ぶしゅ》 ④

名前

月　日

1 日の付《つ》く漢字《かんじ》が入ります。絵を見て、□から漢字を選《えら》んで書きましょう。

天気・空の様子《ようす》

① □《は》れる

② □《あか》るい

③ □《くら》い

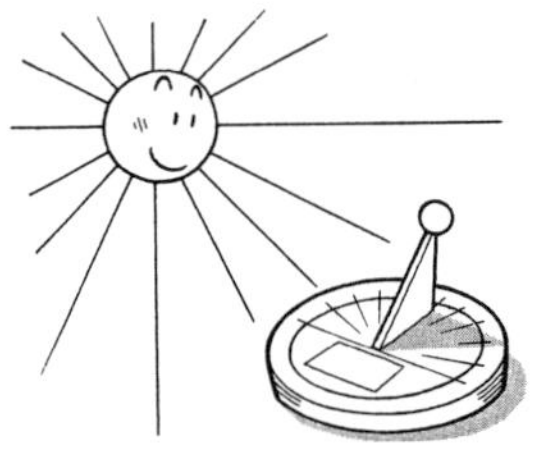

④ □《ほし》

⑤ □《とき》

⑥ □《はや》い

⑦ □《あさ》

⑧ □《ひる》

晩《ばん》

早	朝	晴	暗	明	星	昼	時

2 日の付く漢字の一部《いちぶ》です。□の漢字を完成《かんせい》させましょう。

ヨヨ　者　艹　隹　口　刀　人　三　十

① 日□ 日□

② 日□ 日□

③ 日□ 日□

部首《ぶしゅ》 ⑤

名前

月　日

1 次《つぎ》の絵を見て、木からできた漢字《かんじ》をなぞりましょう。

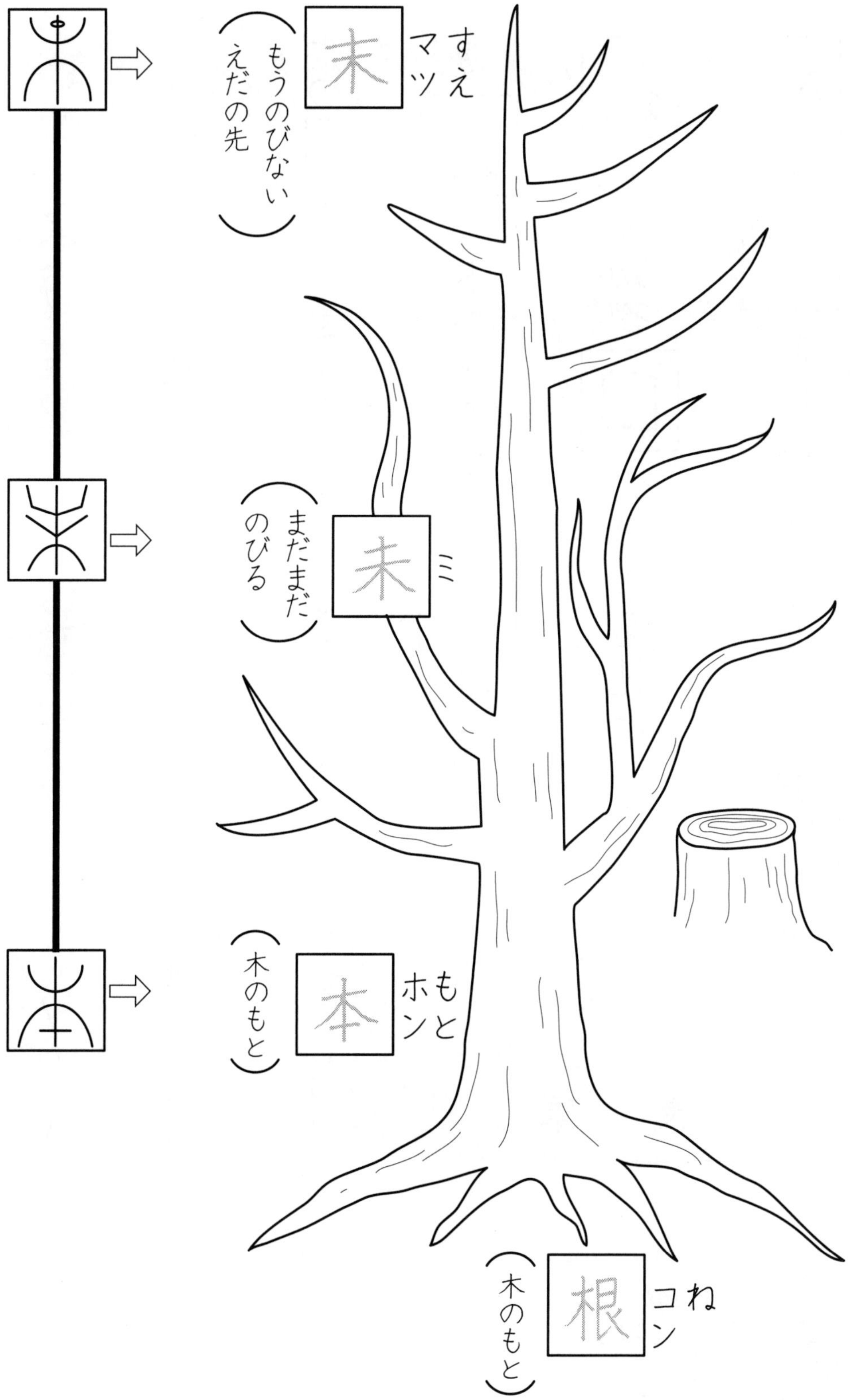

すえ
マツ
末
もうのびない
えだの先
ミ
未
まだまだ
のびる
もと
ホン
本
木のもと
ね
コン
根
木のもと

2 次の絵にあてはまる木の付《つ》く漢字を□から選《えら》んで書きましょう。

①

（　　）

②
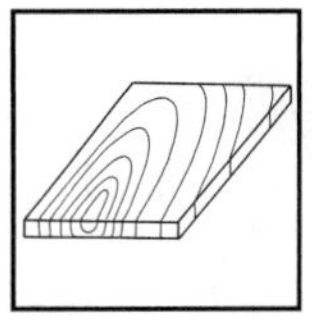
（　　）

③

（　　）

④

（　　）

⑤

（　　）

⑥

（　　）

柱《はしら》　板《いた》　森　植《う（える）》　橋《はし》　林

カルタ
かるた取《と》りの遊《あそ》びで使《つか》うカルタは、四百年くらい昔《むかし》にポルトガルから伝《つた》わった言葉《ことば》。絵の付いたカードのことだった。

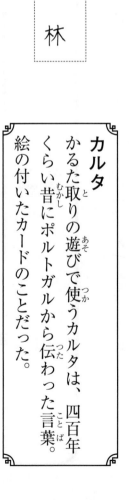

部首《ぶしゅ》 ⑥

名前　　　月　　日

1 次《つぎ》の絵を見て、しんにょう（辶）が付《つ》く漢字《かんじ》を［　］から選《えら》んで書きましょう。

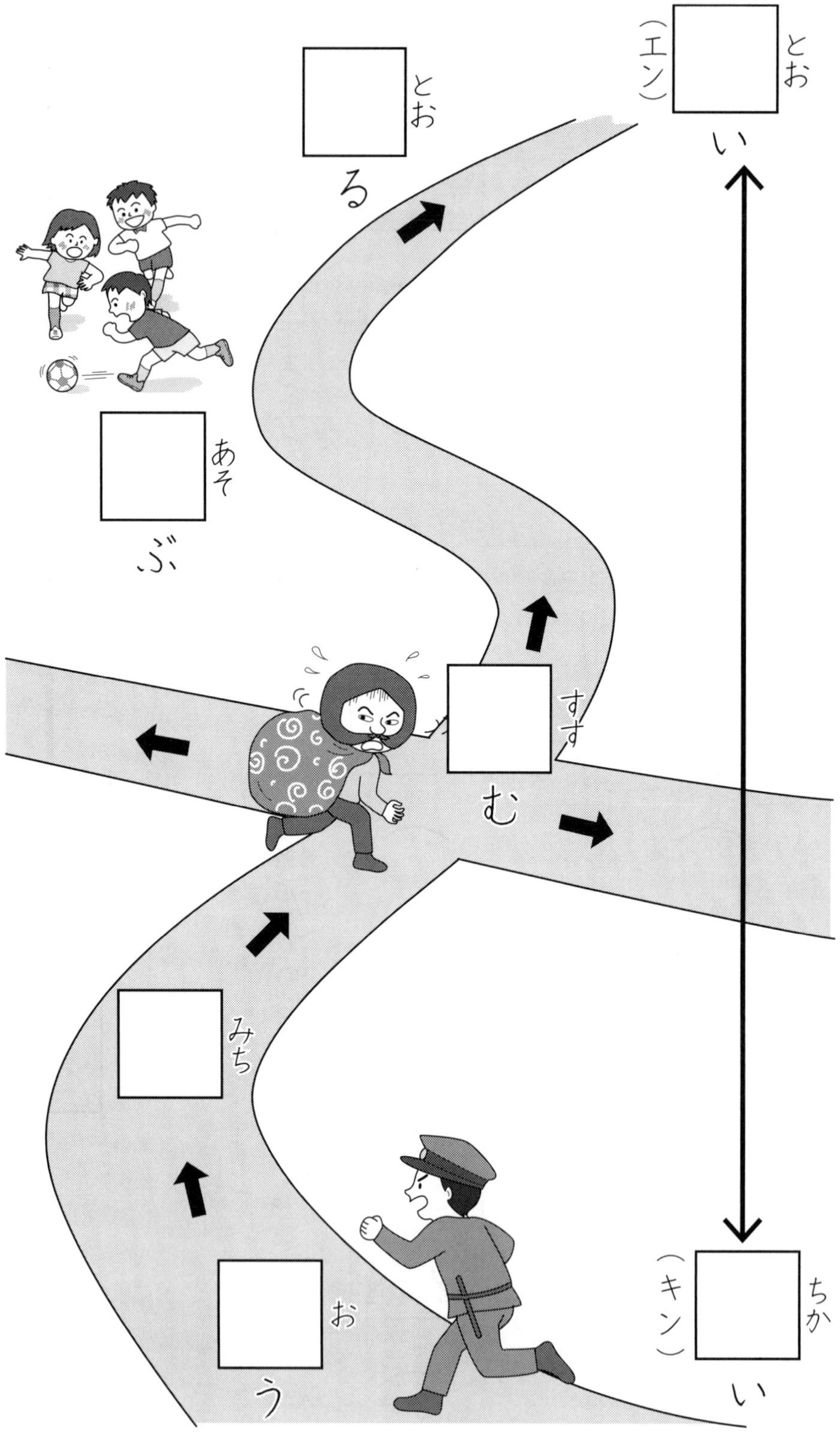
（エン）□《とお》い
□《とお》る
□《あそ》ぶ
□《すす》む
□《みち》
□《お》う
（キン）□《ちか》い

遠　通　近　道　遊　進　追

2 次の□にあてはまる字を［　］から選んで漢字を完成《かんせい》させましょう。

① 毎《まい》□《しゅう》、トラックを三□《しゅう》する。

② □《えん》足《そく》で動物《どうぶつ》□《えん》のサルを見た。

③ □《いた》が□《はん》対《たい》に反《そ》ったから、うら□《がえ》す。

④ □《ぐん》隊《たい》の荷物《にもつ》を□《はこ》ぶ。

⑤ 早《さっ》□《そく》、約《やく》□《そく》を守《まも》る。

袁　周　反　束　軍

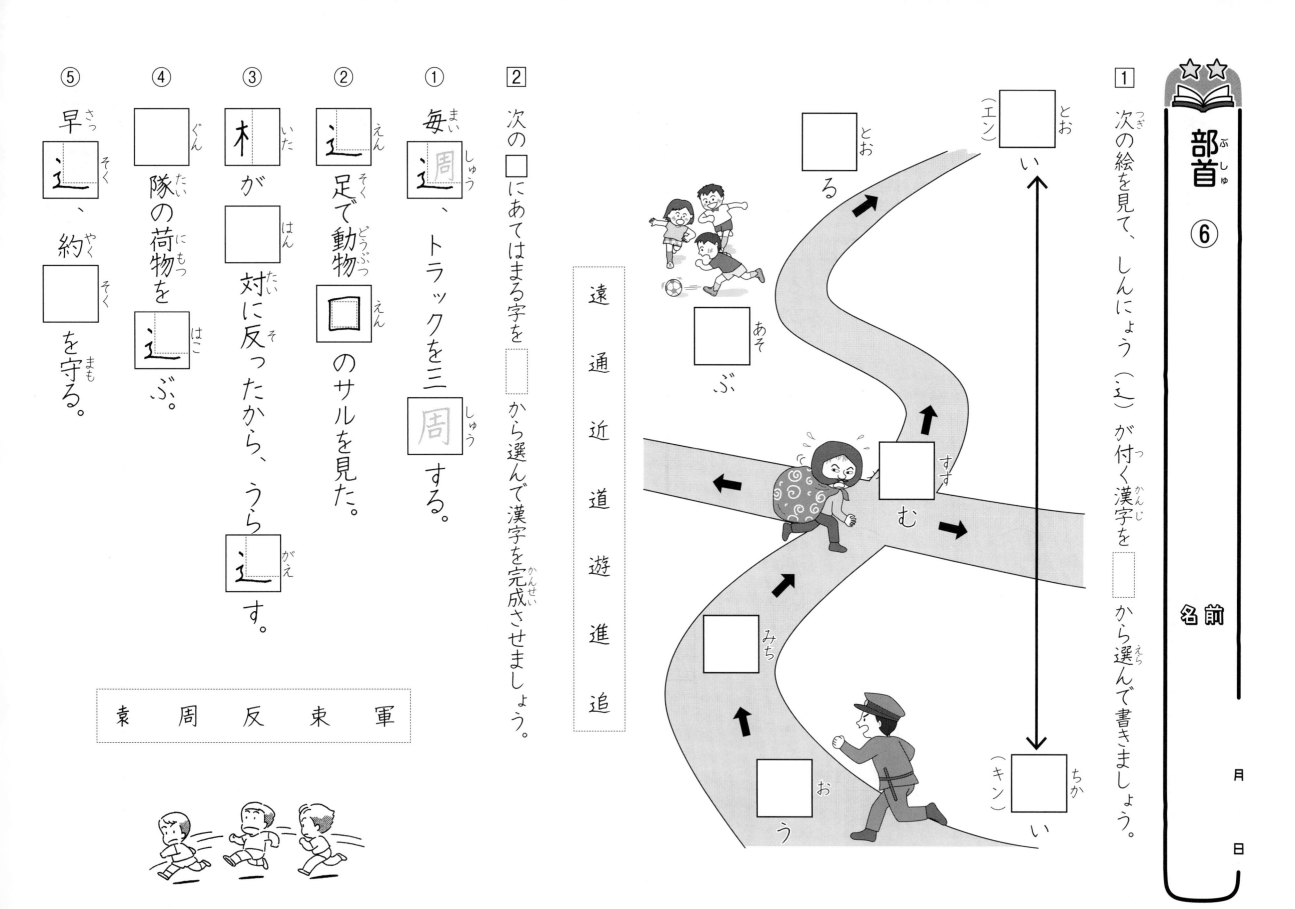

送りがな ①

名前

月　日

同じ漢字《かんじ》でも、読み方がちがうものがたくさんあるよ。次《つぎ》の漢字は、読み方のちがいで送《おく》りがなが変《か》わるよ。

1 読みがなを書きましょう。

① 上る＝（　　）
上がる＝（　　）

② 明るい＝（　　）
明らか＝（　　）
明ける＝（　　）

③ 苦しい＝（　　）
苦い＝（　　）

④ 軽い＝（　　）
軽やか＝（　　）

⑤ 教わる＝（　　）
教える＝（　　）

⑥ 下りる＝（　　）
下る＝（　　）

2 次の送りがなのところを◯でかこみましょう。

① 入　いれる　はいる

② 生　いきる　うまれる

③ 食　たべる　くう

④ 着　つく　きる

⑤ 細　ほそい　こまかい

⑥ 少　すこし　すくない

⑦ 起　おきる　おこす

⑧ 交　まじわる　まじる

さようなら
別《わか》れるときのあいさつ。これは、「左様《さよう》ならば（それならば）また後ほどに」と言って別れていたのが、「さようなら」と短《みじか》くなったのである。

送りがな ②

名前

月　日

1 次《つぎ》の漢字《かんじ》を見て、同じ送《おく》りがなをカゴに書きましょう。

①

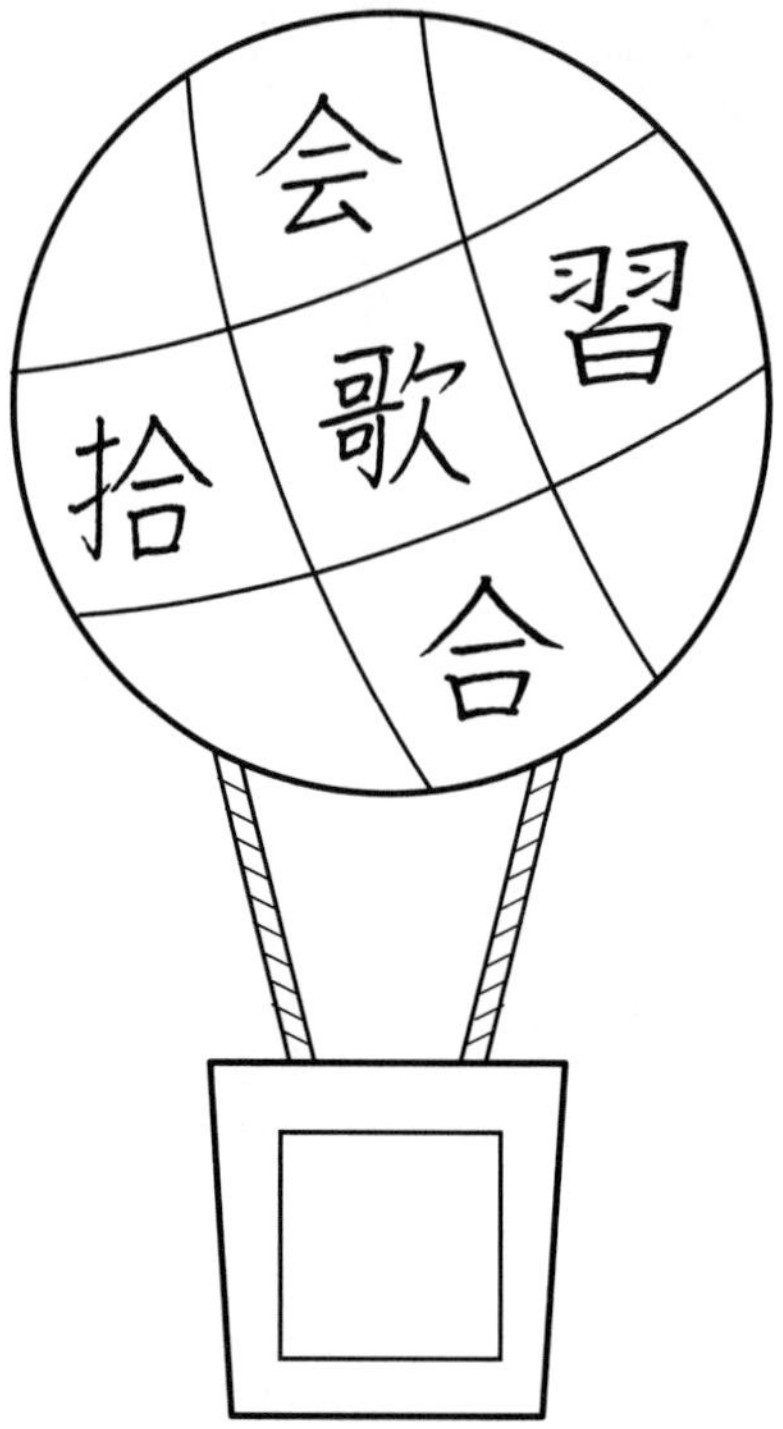
会
習
歌
拾
合

②

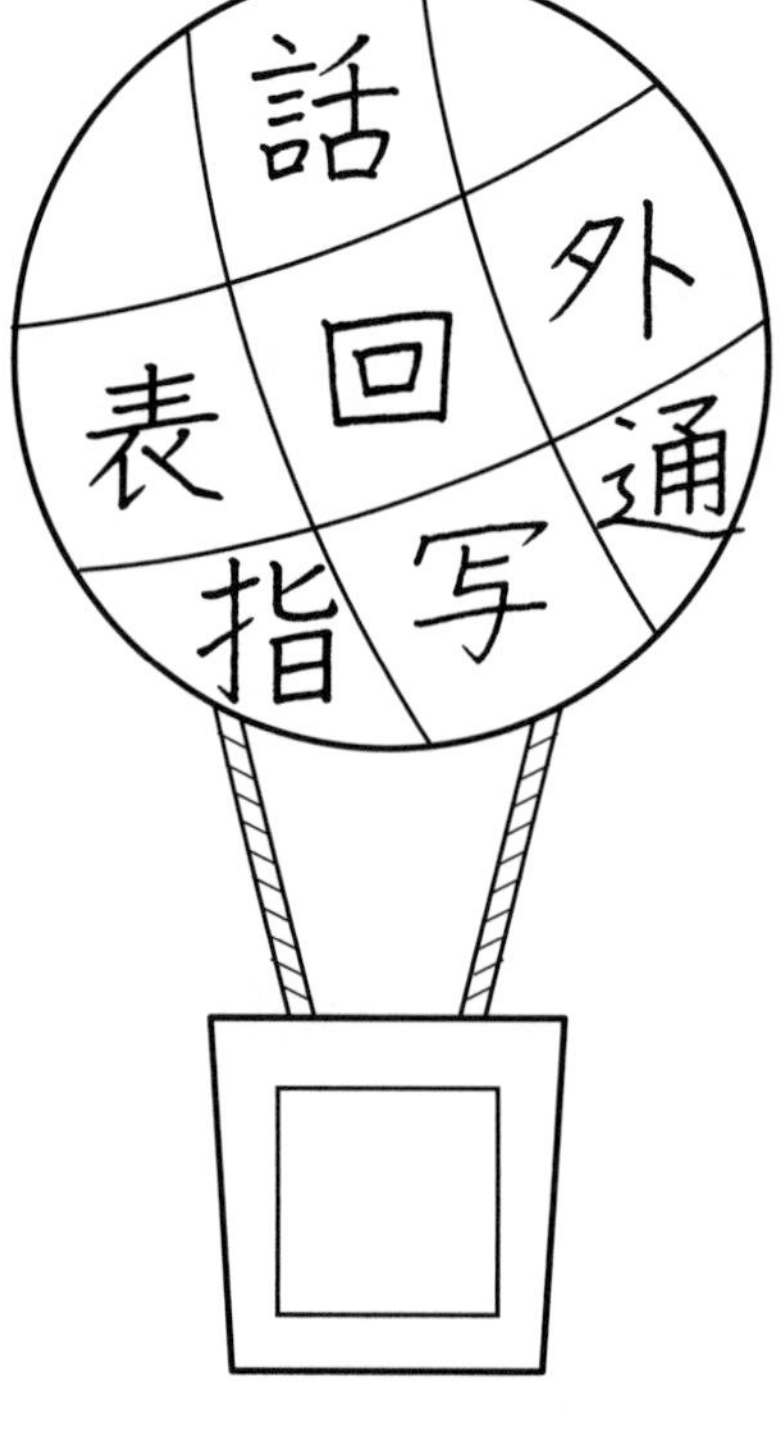
話
外
回
表
通
写
指

③

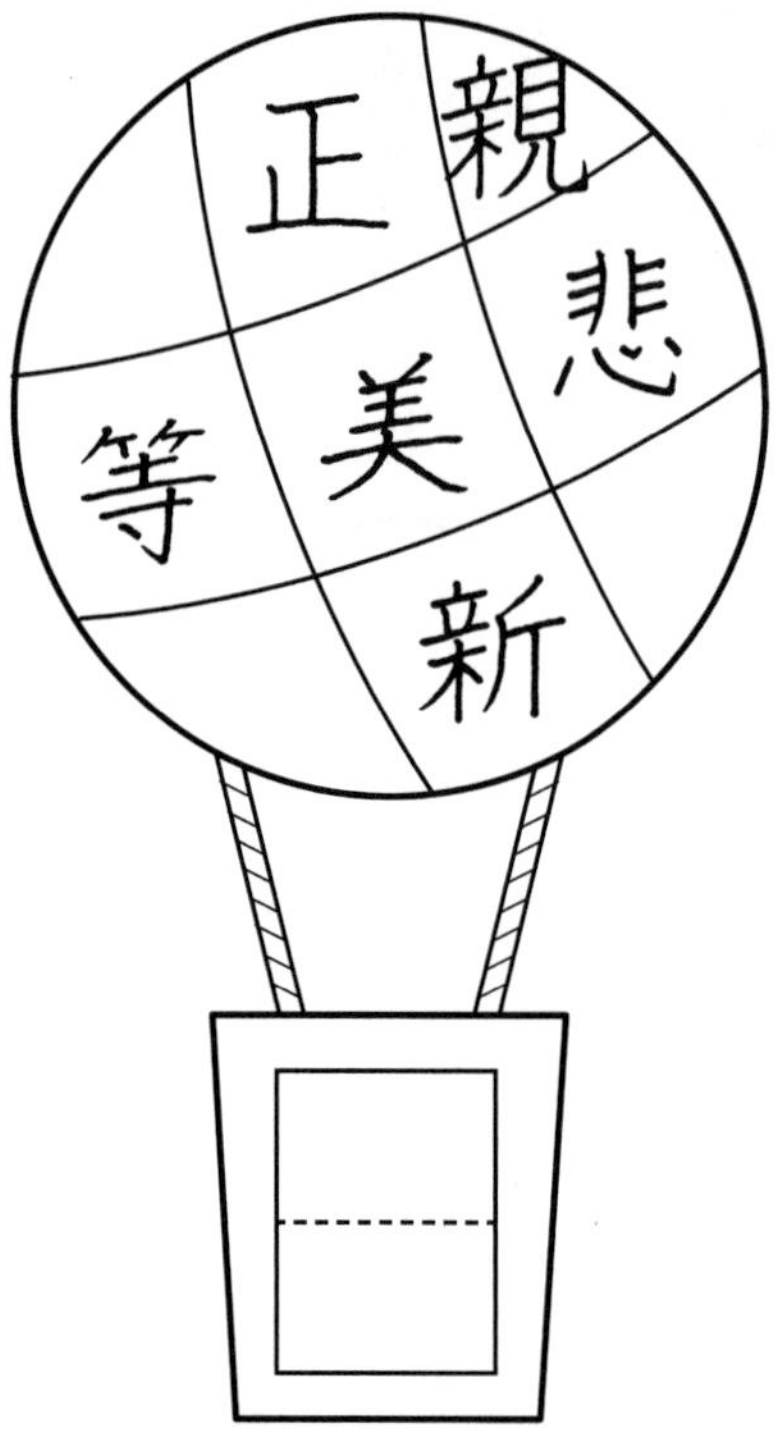
親
正
悲
美
等
新

④

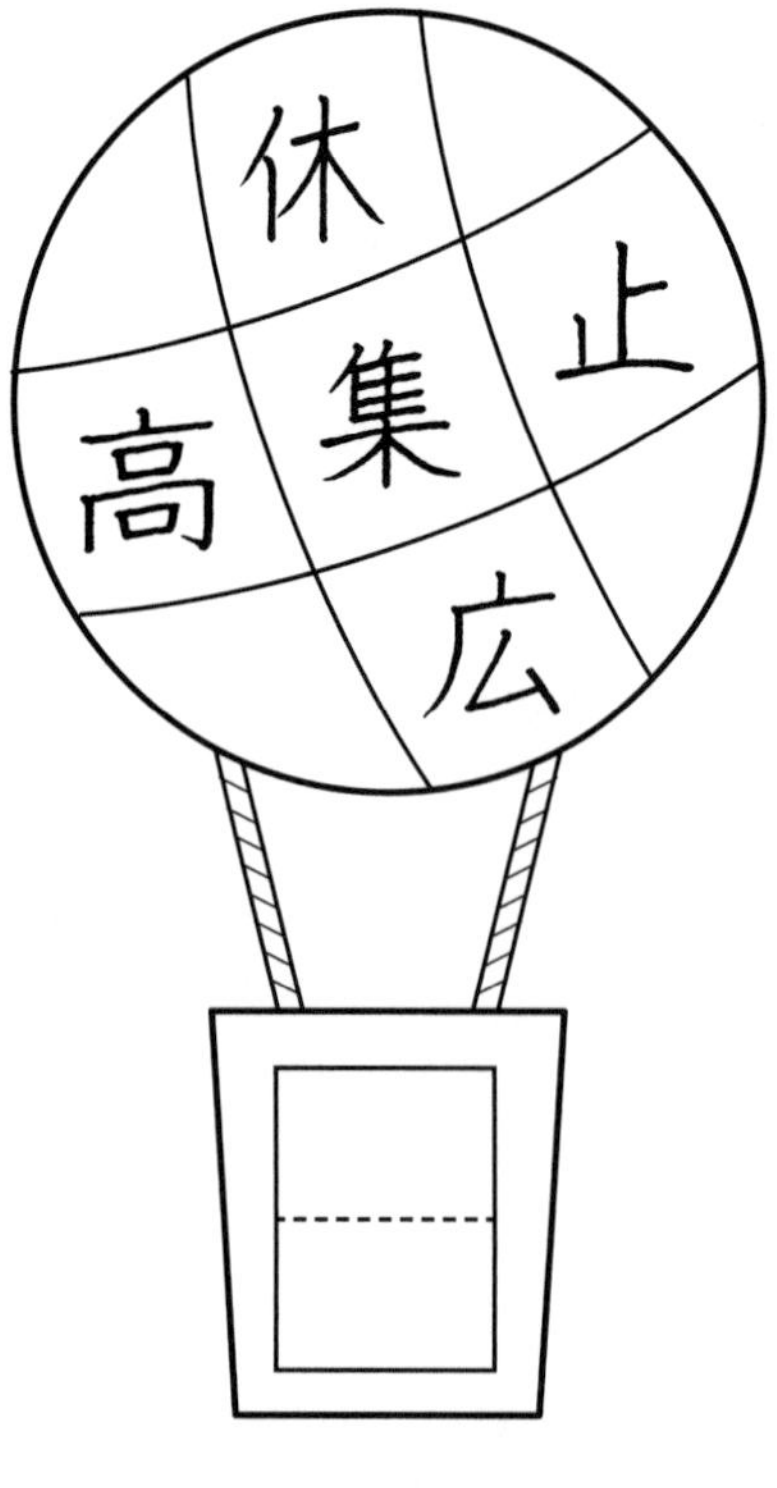
休
止
集
高
広

2 正しい送りがなを選《えら》んで、どんぐりを出口まで連《つ》れて行ってあげましょう。

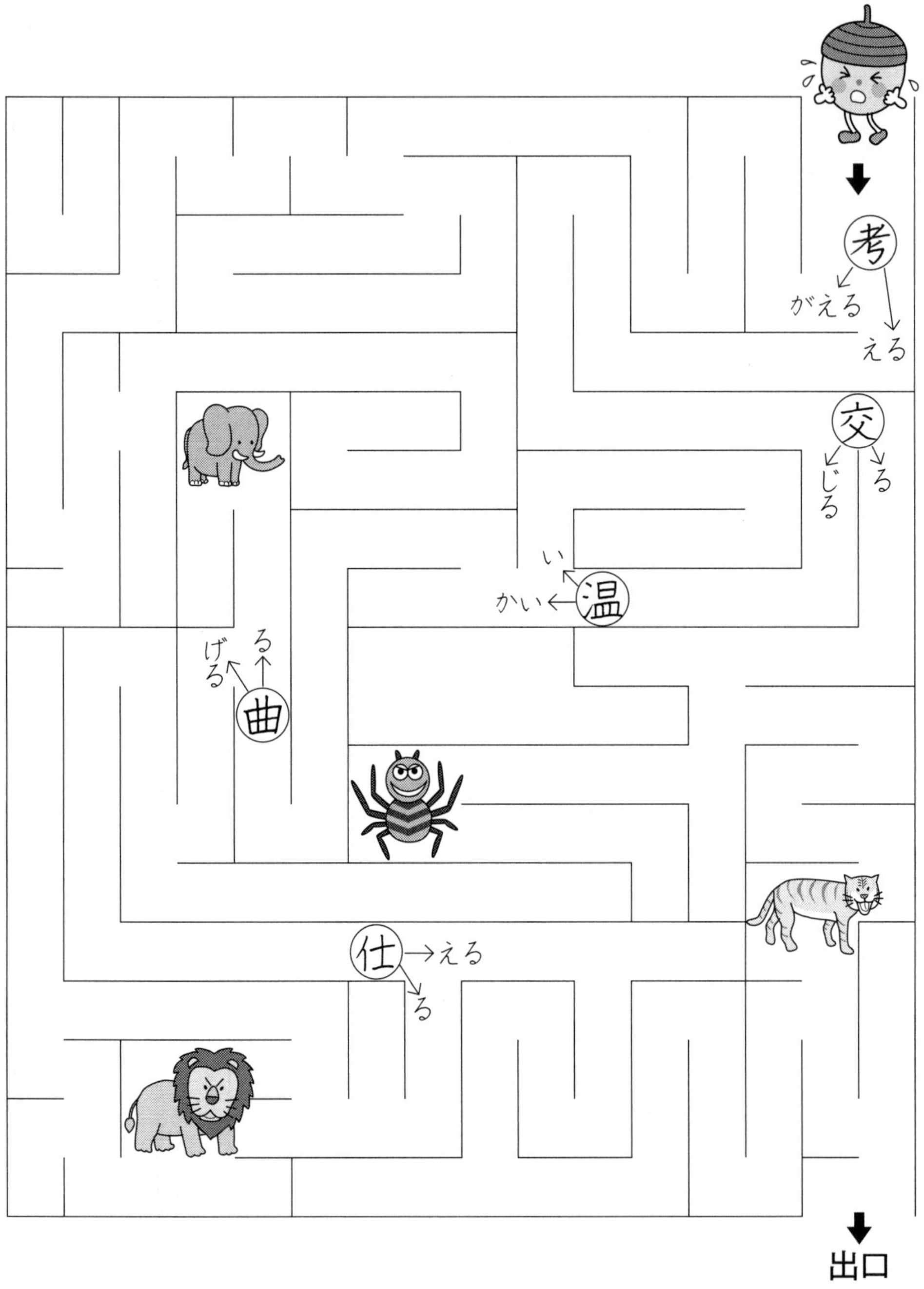
考
がえる
える
交
じる
る
温
い
かい
曲
る
げる
仕
える
る
出口

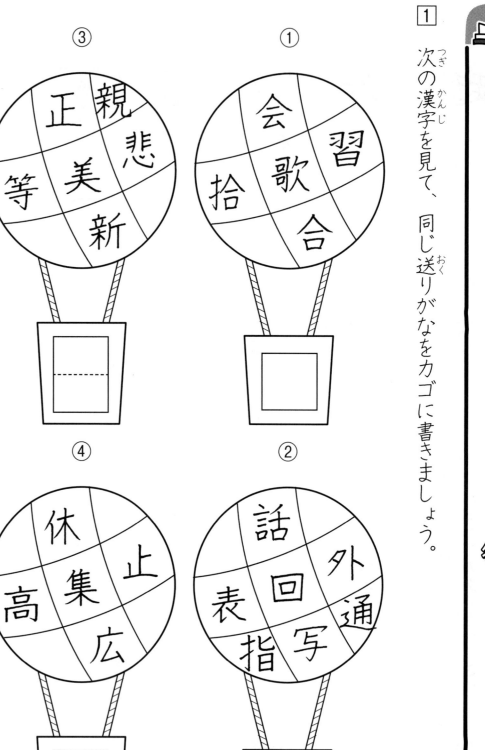

音訓《おんくん》かるた作り ①

名前

月　日

❀ □に入る漢字《かんじ》を書きましょう。

①
□《エン》足で
□《とお》くまで
来たもんだ

②
□《オウ》だん歩道
気をつけて
□《よこ》切ろう

③
□《カイ》店前
なぜだか□《ひら》いた
自動《じどう》ドア

④
旅先《たびさき》でも
□《やど》に帰って
□《シュク》題《ダイ》だ

⑤
□《シ》業式《ギョウシキ》
今日《きょう》から二学期《にがっき》
□《はじ》まるよ

⑥
□《シュウ》字を
□《なら》い始《はじ》めて
もう三年

⑦
□《ショウ》火器《カキ》で
早く火を□《け》す
訓練《くんれん》を

⑧
初《ハツ》□《ショウ》利《リ》
□《か》つよろこびを
分かち合う

⑨
前夜□《サイ》
みんなで
□《まつ》りを楽しもう

⑩
一人《ひとり》旅
□《セ》界《カイ》を回って
□《よ》の中を知る

⑪
□《ソウ》談《ダン》する
□《あい》手がいつも
そばにいる

⑫
□《リョ》行での
□《たび》の思い出
いつまでも

音訓《おんくん》かるた作り ②

名前

月　日

□に漢字《かんじ》を書きましょう。

①
これ□《ヒツ》要《ヨウ》
□《かなら》ずいるので
わすれずに

②
□《おも》いもの
体□《ジュウ》計に
のせてみる

③
□《セイ》理して
部屋《へや》も気持《きも》ちも
□《ととの》える

④
野□《キュウ》で
速《はや》い□《たま》を
打《う》ってみる

⑤
□《ショ》対面《タイメン》
□《はじ》めて会った
気がしない

⑥
□《いさ》ましい
言葉《ことば》をもらい
□《ユウ》気出る

⑦
希《キ》□《ボウ》もち
新天地にて
山を□《のぞ》む

⑧
気が□《か》わる
その□《ヘン》化《カ》には
気をつけて

⑨
栄《エイ》□《ヨウ》を
とって体力
□《やしな》おう

⑩
うれしいな
本に□《フ》録《ロク》が
□《つ》いている

⑪
□《ハイ》戦《セン》し
□《やぶ》れた理由《りゆう》を
ふり返《かえ》る

⑫
□《セイ》じゃくな
風のない夜
□《しず》かな海

同じ読みをする漢字 ①

名前

月　日

1 次《つぎ》の□に合うそれぞれの漢字《かんじ》を選《えら》んで書きましょう。

(1)

科　歌
荷　化

①文□
②□手
③理□
④出□

(2)

陽　葉　曜
様　洋

①□子
②太□
③西□
④落□
⑤□日

2 次の□に合う熟語《じゅくご》を、[　]から選んで書きましょう。

①
新聞□□《きしゃ》
夜□□《ぎしゃ》

②
山□□《かじ》
□□《かじ》の手伝《てつだ》い

③
□□《かいてん》ドア
□□《かいてん》セール

④
□□《しめい》手配《てはい》
医者《いしゃ》の□□《しめい》

家事《かじ》	記者《きしゃ》	回転《かいてん》	使命《しめい》
火事《かじ》	汽車	開店《かいてん》	指名《しめい》

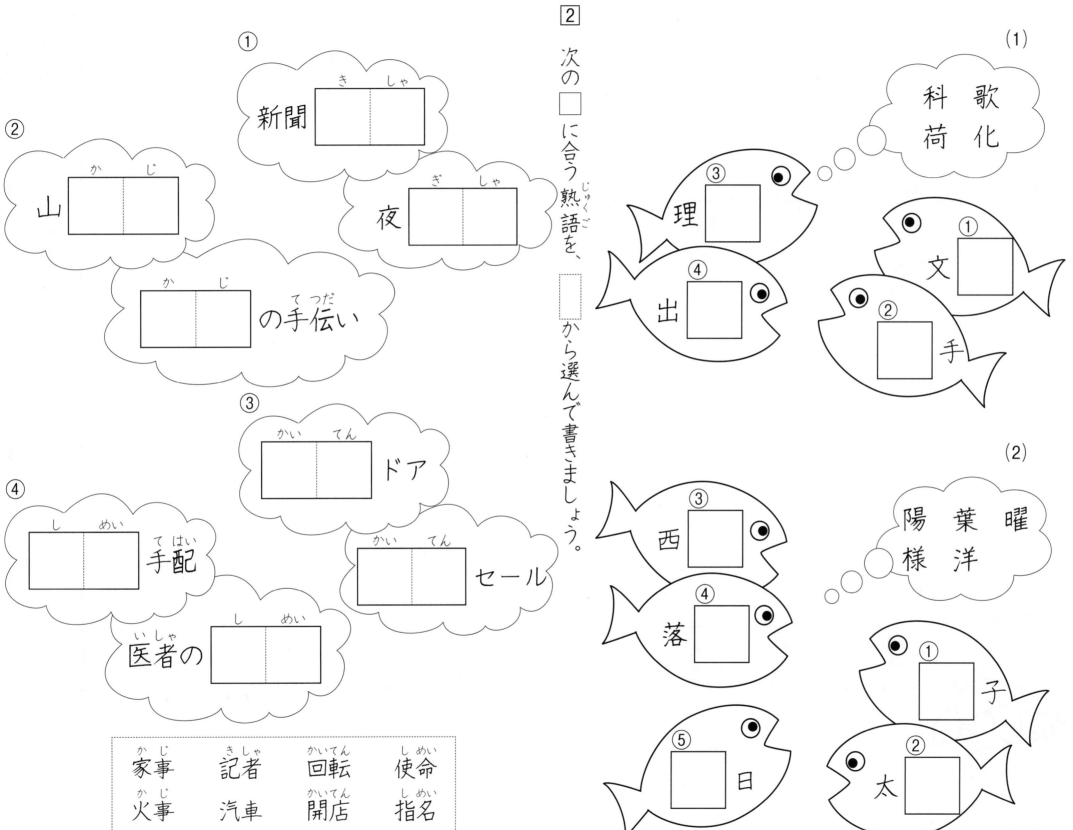

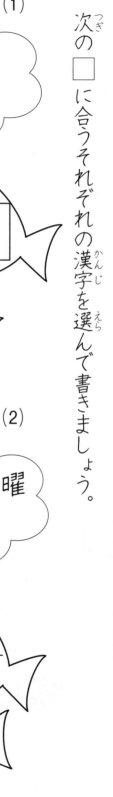

同じ読みをする漢字 ②

名前

月　日

次《つぎ》の□に合う漢字《かんじ》を選《えら》んで書きましょう。

①
㋐ 時間を□《はか》る。
㋑ 体重《たいじゅう》を□《はか》る。

②
㋐ ぜっ好《こう》の□□《きかい》。
㋑ □□《きかい》体そう。
㋒ せいみつ□□《きかい》。

③
㋐ 夜が□《あ》ける。
㋑ 席《せき》を□《あ》ける。
㋒ 戸を□《あ》ける。

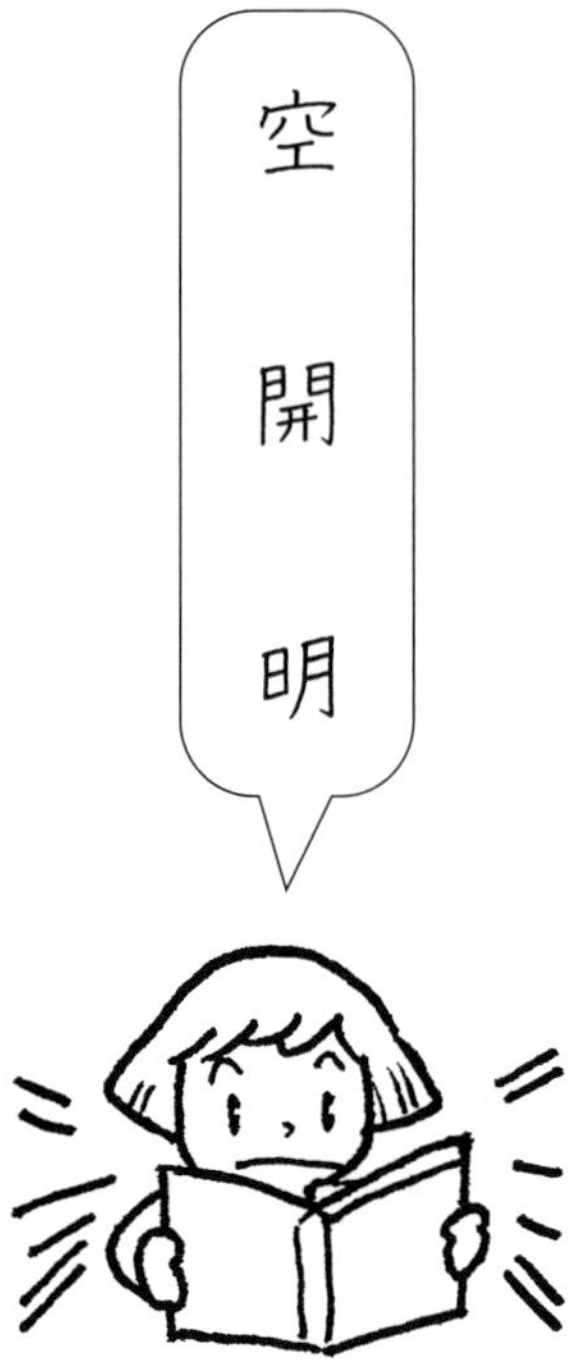

④
㋐ 形を□《か》える。
㋑ 家に□《かえ》る。
㋒ 本が□《かえ》って来る。

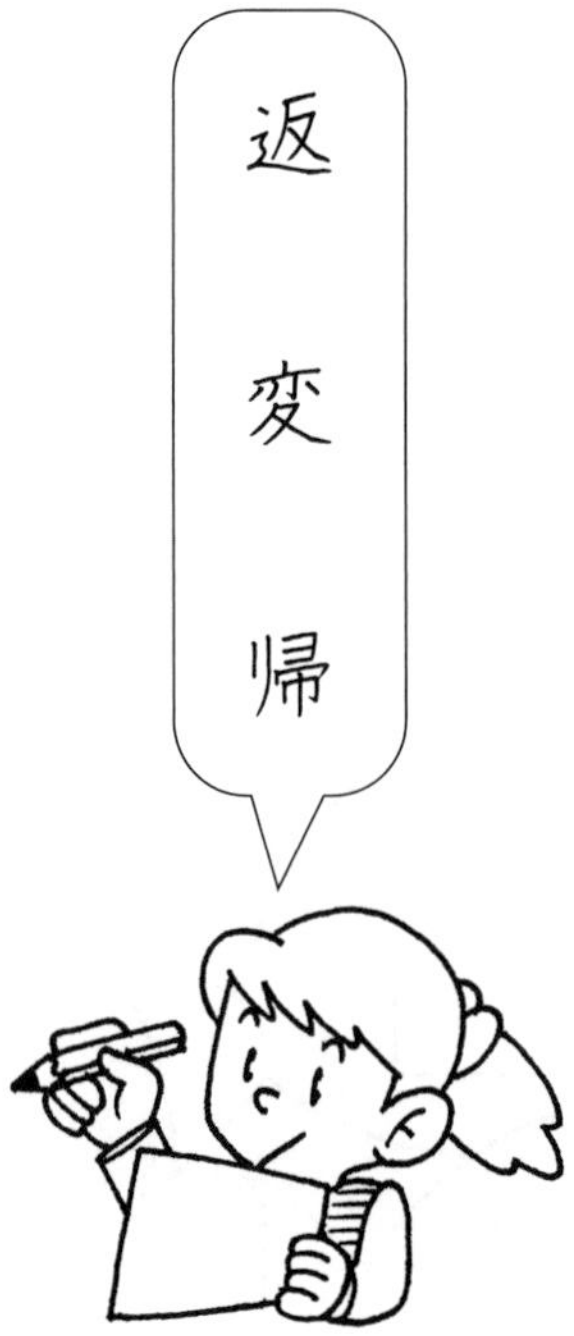

おなら
平安時代《へいあんじだい》の女の人は「へ」のことを上品《じょうひん》に「今鳴らしましたね」と言っていた。そのうち「鳴らす」の「なら」を取《と》って、ていねい語の「お」をつけたのが「おなら」だった。

漢字でダジャレ ①

名前

月　日

次《つぎ》のダジャレに出てくる漢字《かんじ》を書きましょう。

① いじでもいしになる。
□□でも□師《し》になる。

② かいがいで大会が、かいかい。
□□で大会が、□□。

③ がいしゃを売るかいしゃ。
□□を売る□□。

④ かめんのヒーローの登場《とうじょう》がめん。
仮《か》□のヒーローの登場□□。

⑤ かんしは、かんじだけで書かれている。
□詩は、□□だけで書かれている。

⑥ きんメダルと、ぎんメダル。
□メダルと、□メダル。

⑦ しがいで、しかいいんを開《ひら》く。
市街《がい》で、□□□院《いん》を開く。

⑧ かいがん通りに、かいかんが建《た》っている。
□□通りに、□□が建っている。

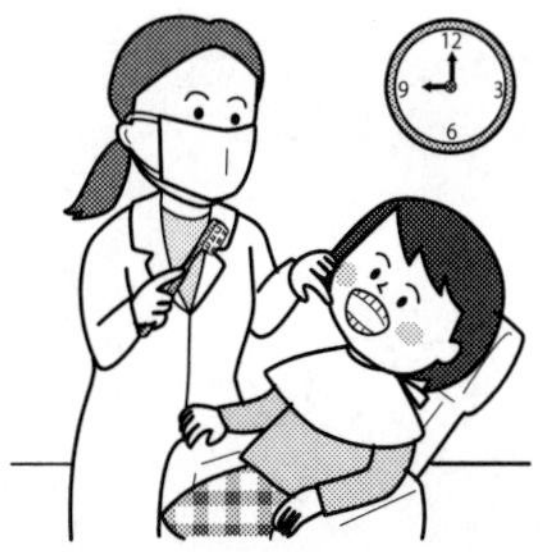

漢字でダジャレ ②

名前

月　日

次《つぎ》のダジャレに出てくる漢字《かんじ》を書きましょう。

① すいどう水を、すいとうに入れる。

□水を、□とうに入れる。

② せんいんは、ぜんいん集合《しゅうごう》。

□は、□集合。

③ 品物《しなもの》は、せんこぜんごはある。

品物は□個《こ》□はある。

④ せんたいのぜんたいが、見えた。

船□の□が、見えた。

⑤ 観光《かんこう》たいしのだいじな使命《しめい》。

観光□の□な使命。

⑥ だんじょでたんしょを言い合わないように。

□で□を言い合わないように。

⑦ てんきが良《よ》いので、でんきを消《け》す。

□が良いので、□を消す。

⑧ さくらのかいかを、かいがで表《あらわ》した。

さくらの□を、□で表した。

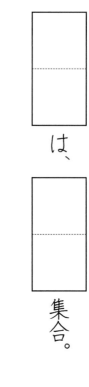

漢字でダジャレ ③

名前

月　日

✿ 次《つぎ》のダジャレに出てくる漢字《かんじ》を書きましょう。

① しん(じ)んはしんしんとともにつかれる。

【　　】は【　　】ともにつかれる。

② テストのとう(じ)つ、友達《ともだち》と(ど)うしつになった。

テストの【　　】、友達と【　　】になった。

③ にかいにに(が)い薬《くすり》がある。

【　　】に【　】い薬がある。

④ はなしをしていてはな(ぢ)が出た。

【　】をしていて【　　】が出た。

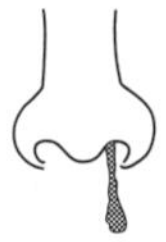

⑤ 金をはっけんしたとはつ(げ)んした。

金を【　　】したと【　　】した。

⑥ おふろの(ば)ん(だ)いに乗《の》ることに、はんたいした。

おふろの【番台】に乗ることに、【　　】した。

⑦ ひょうしにテーマを、ひょう(じ)する。

【　　】にテーマを、【　　】する。

おやつ（お八つ）

江戸時代《えどじだい》の「八つ時」とは午後三時ごろだった。この時代の食事《しょくじ》は朝夕の二食だったので、八つ時に軽《かる》い食《た》べ物《もの》を食べていた。これを「お八《や》つ」とよんだ。それが近代《きんだい》になるにつれて、おかしなどに変《か》わってきている。今では、食事時間以外《いがい》に食べる軽い食べ物をおやつという。

サボる

元はフランス語の「サボタージュ」。働《はたら》く人はちん金《ぎん》が少ないので、わざと休んだり、仕事《しごと》をおくらせたりしてうったえた。ここから仕事をわざと休むことを「サボる」というようになった。

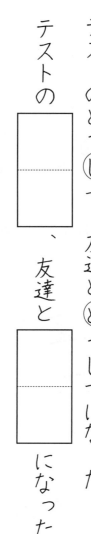

読み方めい路 ①

名前

月　日

次《つぎ》の□に入る漢字《かんじ》をめい路《ろ》の合流《ごうりゅう》地点で選《えら》んで、ゴールを目指《めざ》しましょう。

① 走りが□《はや》い。

② 友達《ともだち》と□《あ》う。

③ 倉庫《そうこ》の戸が□《あ》く。

④ □□《いがい》とうまくできた。

⑤ かさを□《さ》す。

⑥ 時間を□《はか》る。

⑦ 今日《きょう》は□《あつ》い日。

⑧ スープを□《さ》ます。

⑨ カバンを□□《しんちょう》する。

⑩ 投手《とうしゅ》を□《か》える。

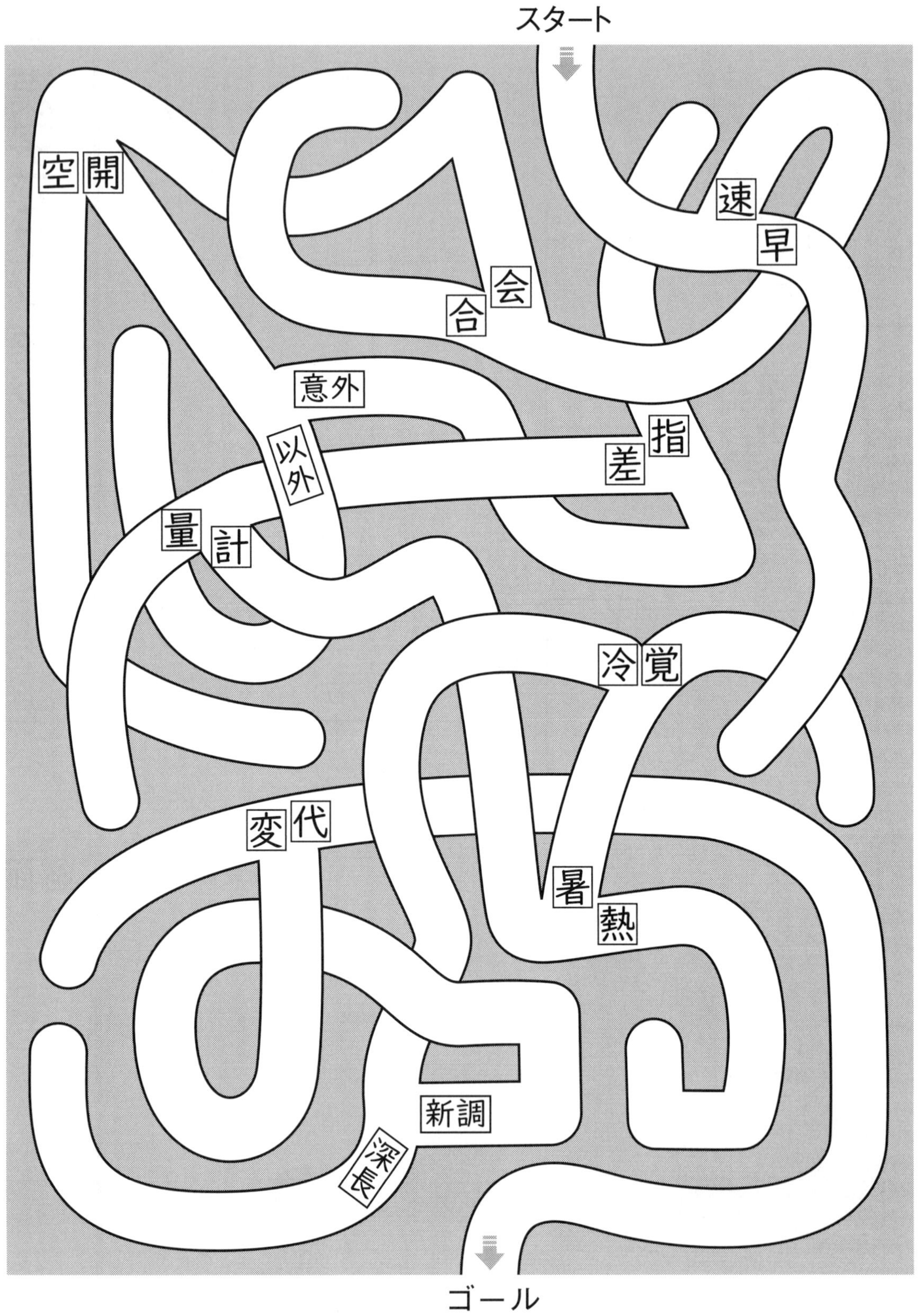
スタート
空
開
速
早
会
合
意外
以外
指
差
量
計
冷
覚
変
代
暑
熱
新調
深長
ゴール

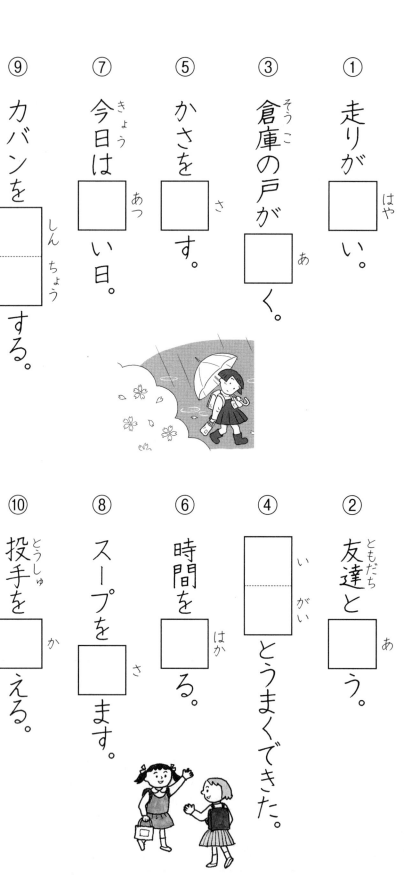

読み方めい路 ②

名前

月　日

✿ 次《つぎ》の□に入る漢字《かんじ》をめい路《ろ》の合流《ごうりゅう》地点で選《えら》んで、ゴールを目指《めざ》しましょう。

① 朝が□《はや》い。

② 長さを□《はか》る。

③ 夜が□《あ》ける。

④ 家が□《た》つ。

⑤ つゆが□《あ》ける。

⑥ 年の□《はじ》め。

⑦ 図書館《としょかん》が□《あ》く。

⑧ 東の空を□《さ》す。

⑨ 色が□《か》わる。

⑩ 駅《えき》に□《つ》く。

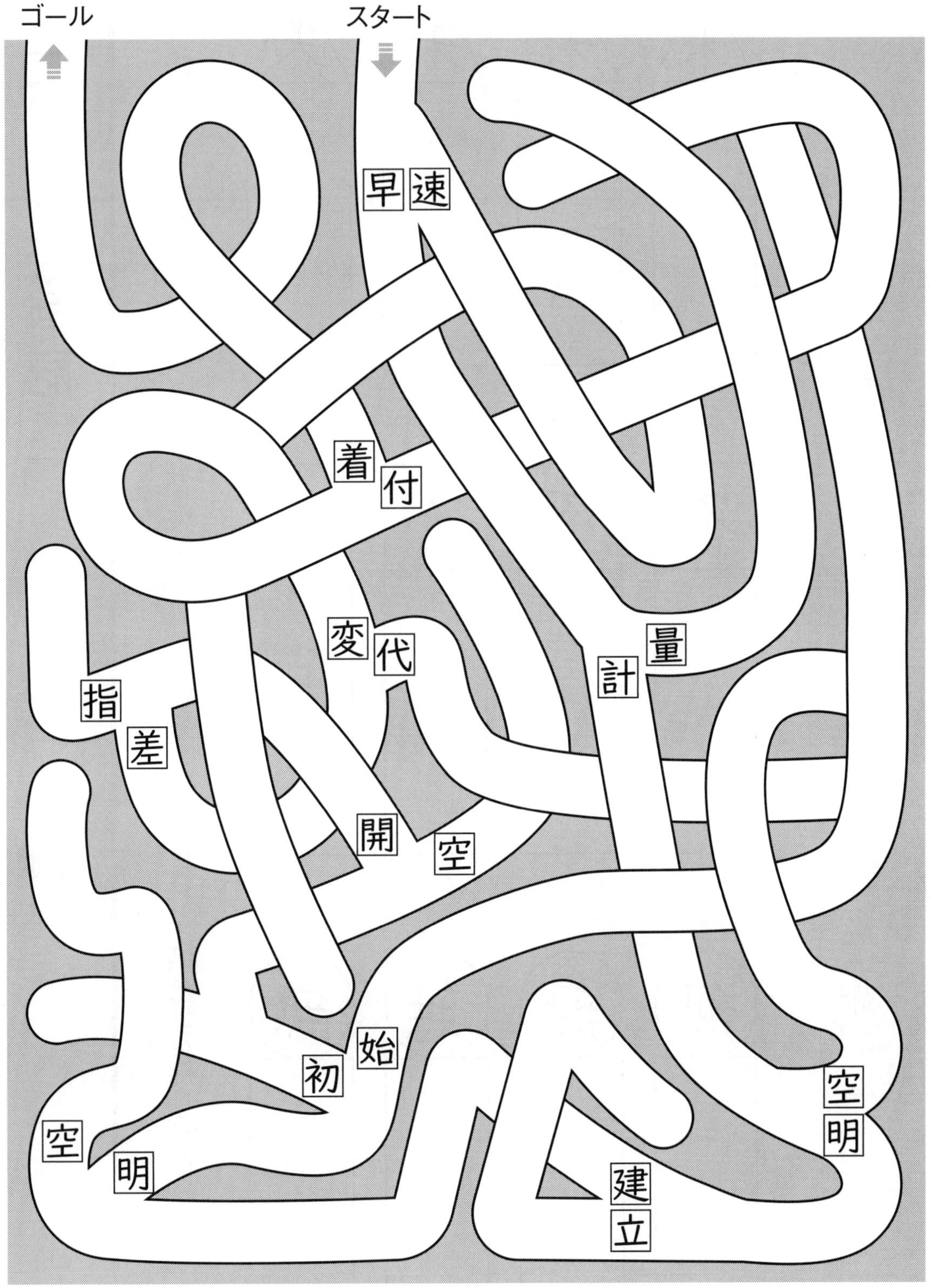

☆☆

二字・三字熟語

名前

月　日

1 次《つぎ》の「未《み》」「不《ふ》」「無《む》」に合う言葉《ことば》を［　］から選《えら》んで書き、熟語《じゅくご》を作りましょう。

未［　］　未［　］　未［　］　未［　］

不［　］　不［　］　不［　］　不［　］

無［　］　無［　］　無［　］　無［　］

開発《かいはつ》　差別《さべつ》　公開《こうかい》　自然《しぜん》　公平《こうへい》　満足《まんぞく》
関心《かんしん》　定期《ていき》　意味《いみ》　知数　気力　消化《しょうか》

2 次の中から字を選んで、熟語を作りましょう。

飛　事　成　生　梅　短

① ［　］《たん》時《じ》間《かん》

② ［　］《なま》意《い》気《き》

③ 畑《はたけ》仕《し》［　］《ごと》

④ 集《しゅう》大《たい》［　］《せい》

⑤ 松《しょう》竹《ちく》［　］《ばい》

⑥ 高《たか》［　］《び》車《しゃ》

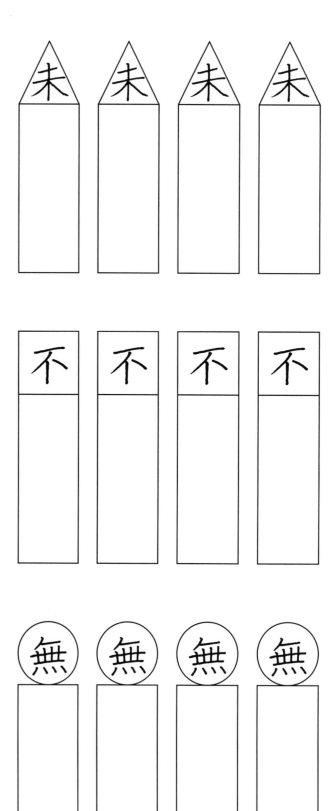

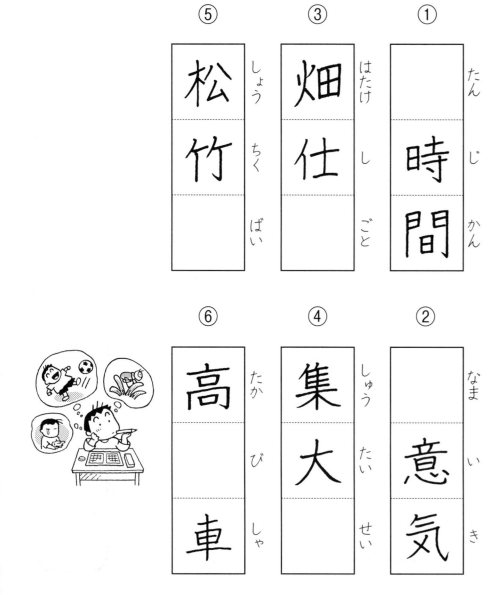

四字熟語《じゅくご》 ①

名前

月　日

1 次《つぎ》の□に入る数字を選《えら》んで書きましょう。

①

六　八　四

□方美人《びじん》

〔だれからもいいように思われるようにする人。〕

②

三　七　五

□寒四温《かんしおん》

〔寒《さむ》い日が三日、あたたかい日が四日をくり返《かえ》して、春へ向《む》かうこと。〕

③

七　三　六

□転八起《てんはっき》

〔失敗《しっぱい》しても、何度《なんど》でもちょう戦《せん》すること。〕

④

一　百　十

十人□色

〔人のせいかくや、考えは一人《ひとり》ひとりちがっているということ。〕

2 次のめい路《ろ》を、正しい言葉《ことば》を選《えら》んでゴールまで行きましょう。

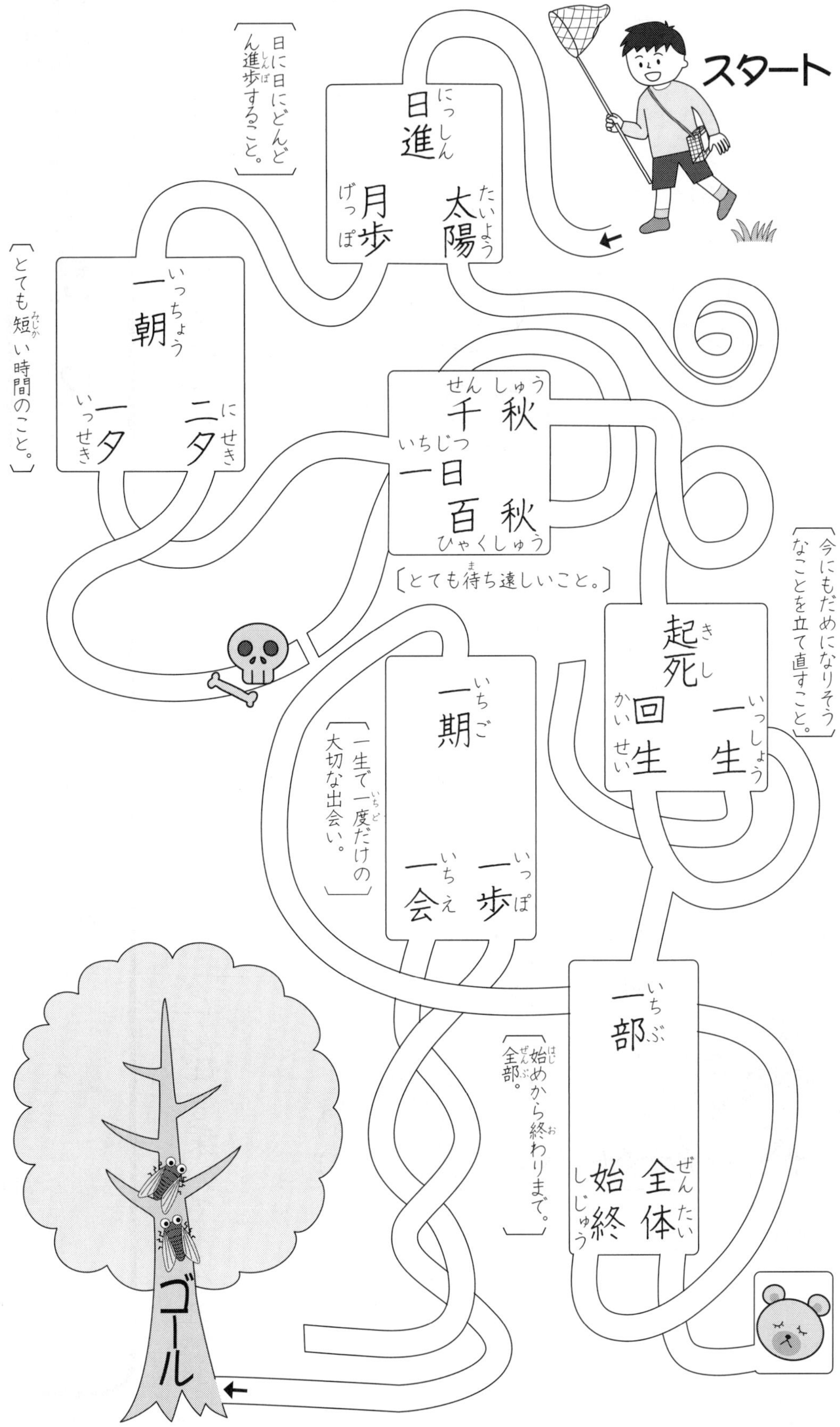

スタート
日進《にっしん》
月歩《げっぽ》
太陽《たいよう》
〔日に日にどんどん進歩《しんぽ》すること。〕
一朝《いっちょう》
一夕《いっせき》
二夕《にせき》
〔とても短《みじか》い時間のこと。〕
千秋《せんしゅう》
一日《いちじつ》
百秋《ひゃくしゅう》
〔とても待《ま》ち遠しいこと。〕
起《き》死《し》
回《かい》生《せい》
一生《いっしょう》
〔今にもだめになりそうなことを立て直すこと。〕
一期《いちご》
一会《いちえ》
一歩《いっぽ》
〔一生で一度《いちど》だけの大切な出会い。〕
一部《いちぶ》
始終《しじゅう》
全体《ぜんたい》
〔始《はじ》めから終《お》わりまで。全部《ぜんぶ》。〕
ゴール

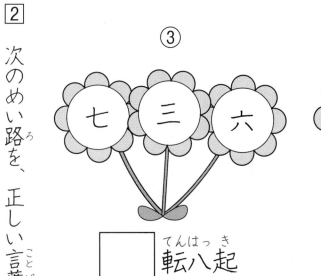

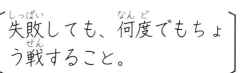

四字熟《じゅく》語《ご》 ②

名前

月　日

1 画数の少ない方を□に書きましょう。漢字《かんじ》をつなげると、どんな言《こと》葉《ば》ができるかな。

① 丁　一

② 向　石

③ 二　土

④ 鳥　集

①	②	③	④

（一つのことをして二つのとくをすること。）

⑤ 弱　駅

⑥ 豆　肉

⑦ 強　館

⑧ 食　勉

⑤	⑥	⑦	⑧

（強いものが弱いものを負《ま》かせて栄《さか》えること。）

2 画数の少ない方を□に書きましょう。漢字をつなげると、どんな言葉ができるかな。

① 意　緑

② 和　気

③ 投　定

④ 合　身

①	②	③	④

（相手《あいて》と気持《きも》ちがぴったり合うこと。）

⑤ 古　宿

⑥ 今　役

⑦ 炭　東

⑧ 宮　西

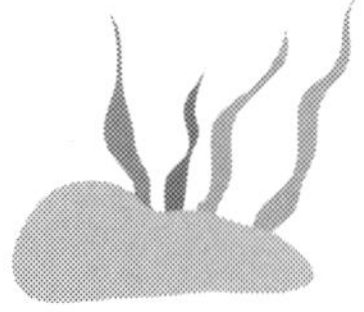

⑤	⑥	⑦	⑧

（昔《むかし》から今まで、いつでもどこでも。）

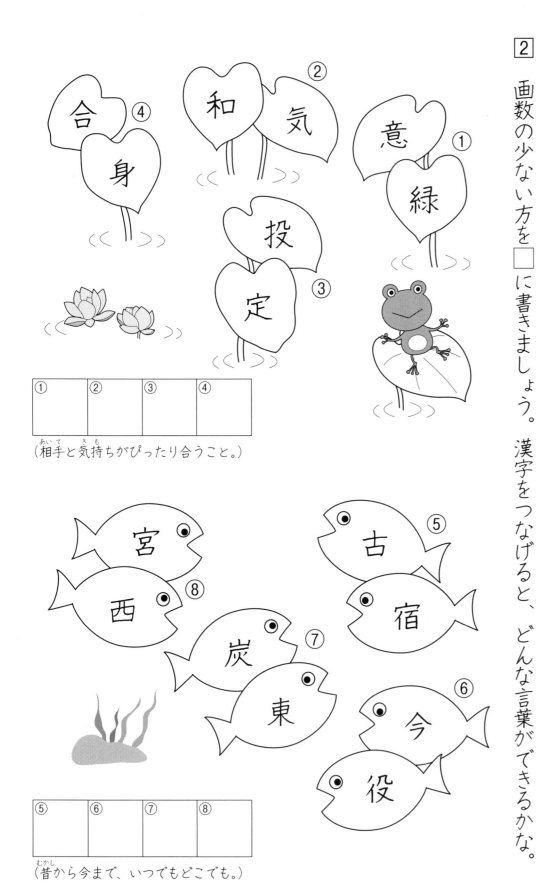

四字熟語 ③

名前

月　日

1 次《つぎ》の漢字《かんじ》で画数の少ない方を書いて、四字熟語《じゅくご》を作りましょう。

(1)

① ② ③ ④

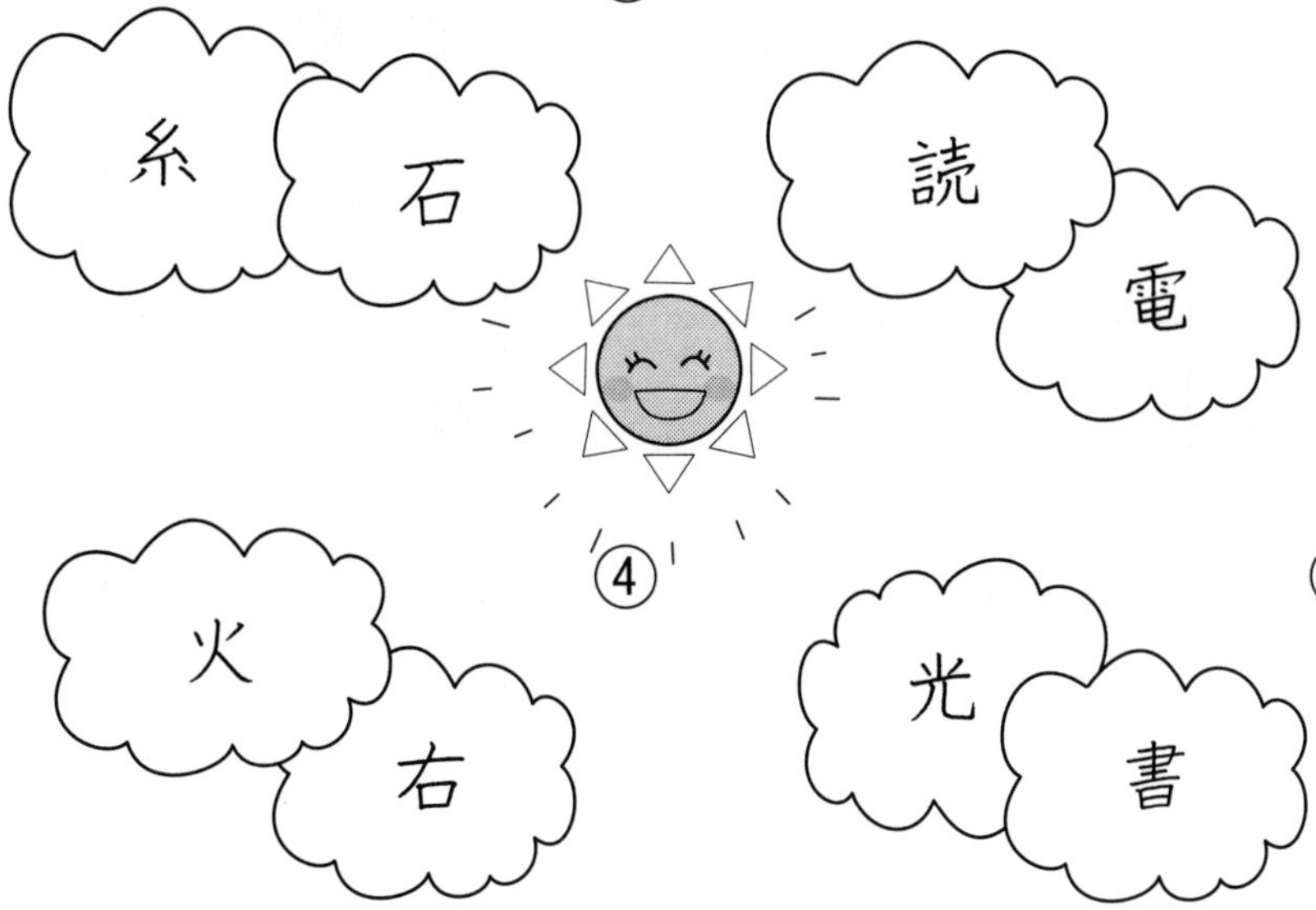

①	②	③	④

〔動作《どうさ》がとても速《はや》いこと。〕

(2)

① ② ③ ④

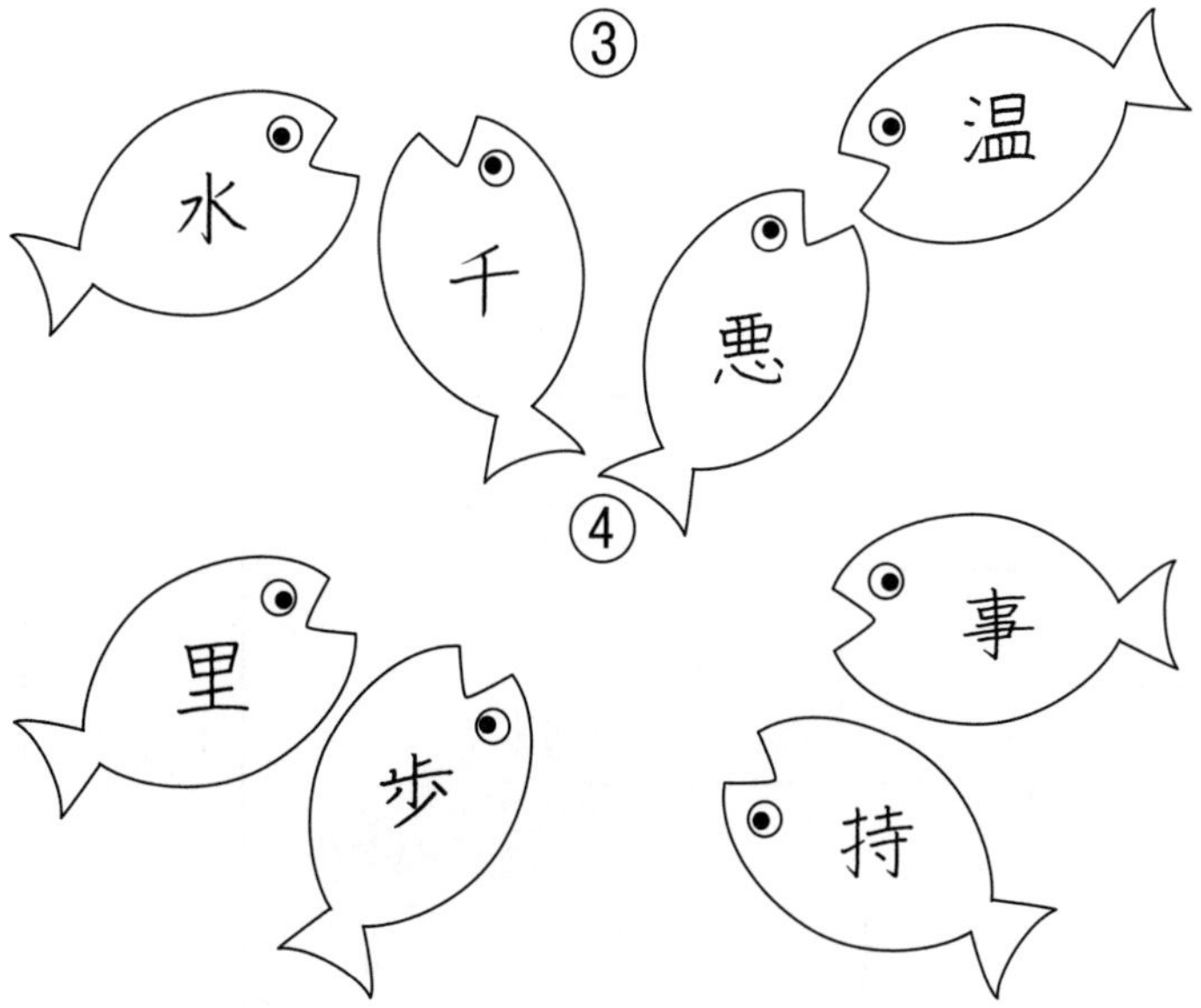

①	②	③	④

〔悪《わる》いことはすぐに遠くまで伝《つた》わることと。〕

2 次の手と手を線でつないで四字熟語を作りましょう。

(1)

① 三寒《さんかん》　② 十人《じゅうにん》　③ 四方　④ 百発《ひゃっぱつ》

十色《といろ》　八方　四温《しおん》　百中《ひゃくちゅう》

(2)

① 品行《ひんこう》　② 弱肉《じゃくにく》　③ 日進《にっしん》　④ 一日《いちじつ》

強食《きょうしょく》　方正《ほうせい》　千秋《せんしゅう》　月歩《げっぽ》

四字熟語 ④

名前

月　日

次《つぎ》の四字熟語《じゅくご》のめい路《ろ》で、正しい方へ進《すす》んでゴールしましょう。

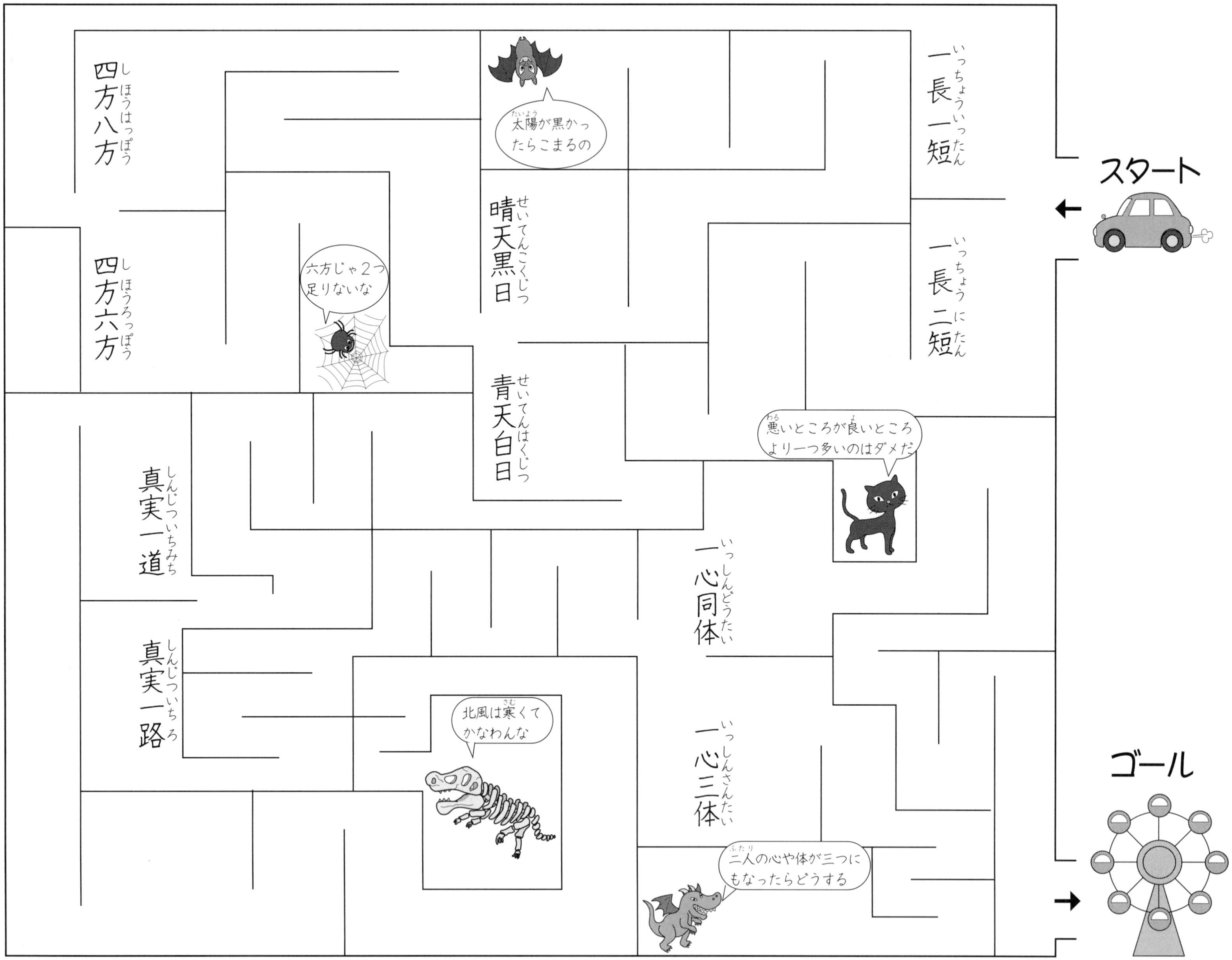

特別な読みをする漢字 ①

名前　　　　　月　　日

1 次《つぎ》の漢字《かんじ》は、漢字一字ごとの読みではなく、二字または三字で特別《とくべつ》な読み方をします。読み方が合うものを――で結《むす》びましょう。

(1)

① 昨日・　・㋐ かわら

② 上手・　・㋑ じょうず

③ 今朝・　・㋒ けさ

④ 河原・　・㋓ きのう

(2)

① 友達・　・㋐ まいご

② 八百屋・　・㋑ はつか

③ 迷子・　・㋒ ともだち

④ 二十日・　・㋓ やおや

2 次の――の特別な読み方を［　］から選《えら》んで（　）に書きましょう。

① 今日㋐（　　）と明日㋑（　　）は、弟と二人㋒（　　）だけだ。

② 果物㋐（　　）を買いに行くのを手伝㋑（　　）った。

③ 兄は、部屋㋐（　　）を出る。

④ 景色㋐（　　）を見るために眼鏡㋑（　　）をかけた。

⑤ 秋刀魚㋐（　　）を食べると秋を感《かん》じる。

［くだもの　へや　さんま　きょう　めがね　ふたり　けしき　あす　てつだ］

特別な読みをする漢字 ②

名前

月　日

1 次《つぎ》の特別《とくべつ》な読み方をする漢字《かんじ》を□から選《えら》んで書きましょう。

① まっか　② あずき
③ まっさお　④ むかで
⑤ ことし　⑥ さすが
⑦ たなばた　⑧ ほくろ
⑨ しみず　⑩ みやげ

清水　今年　土産　黒子　真っ赤
真っ青　七夕　小豆　流石　百足

2 次の漢字は、ふつうの読み方と特別な読み方があります。（　）に特別な読み方を書きましょう。

① 下手《しもて／したて》（　　）
② 姉《し／あね》（　　）さん
③ 母《はは》（　　）さん
④ 上手《かみて／うわて》（　　）
⑤ 一日《いちじつ／いちにち》（　　）
⑥ 博士《はくし》（　　）

ありがとう
感《かん》しゃの気持《きも》ちを表《あらわ》す言葉《ことば》。これは、めずらしい・きちょうという意味《いみ》の「ありがたし」という言葉からきている。ほとけ様《さま》に感しゃの気持ちを表していたものが、やがて世《よ》の中《なか》に広がった。

ふろしき（風呂敷《ふろしき》）
物《もの》を包《つつ》む四角い便利《べんり》なぬの。これは、江戸《えど》時代《じだい》に人びとがせん湯《とう》（ふろ）へ行くとき、衣《い》服《ふく》を包んだり、ふろ上がりにぬれた足をふくために、ゆかにしいたりしたので、「ふろしき」とよばれるようになった。

漢字で遊《あそ》ぼう ①

名前

月　日

1 手と手を線でつないで、熟語《じゅくご》にしましょう。

(1) 反対《はんたい》になる言葉《ことば》

①	②	③	④
終	軽	明	寒

㋐	㋑	㋒	㋓
重	暗	暑	始

(2) 反対になる言葉

①	②	③	④
長	勝	問	苦

㋐	㋑	㋒	㋓
短	答	負	楽

2 □に漢字《かんじ》を入れて、漢字しりとりをしましょう。（↓の方に読みます。）

(1)

①→（きゅう・こん）　②↓（ね・もと）　③←（げん・き）　④↑（き・きゅう）

□	□
□	元

① チューリップなど草花の根《ね》などが、球《たま》のような形をして養分《ようぶん》をためているもの。

② 草や木の根の出ているところ。

③ 心や体をはたらかせる力。

④ 空気より軽《かる》いものを入れて空にうかすふくろ。

(2)

① しゅう ごう　□合 ……1つのところに集《あつ》まること。

↓

② がっ しゅく　□□ ……練習《れんしゅう》などのためにたくさんの人が、いっしょにとまって生活すること。

↓

③ やど や　□屋 ……お金をとって、人をとめる所《ところ》。

↓

④ おく じょう　□□ ……屋根《やね》の上。

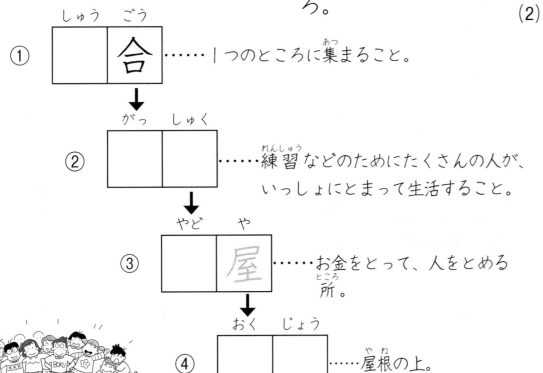

漢字で遊《あそ》ぼう ②

名前

月　日

1 次《つぎ》の□に反対《はんたい》になる漢字《かんじ》を選《えら》んで、熟語《じゅくご》を作りましょう。

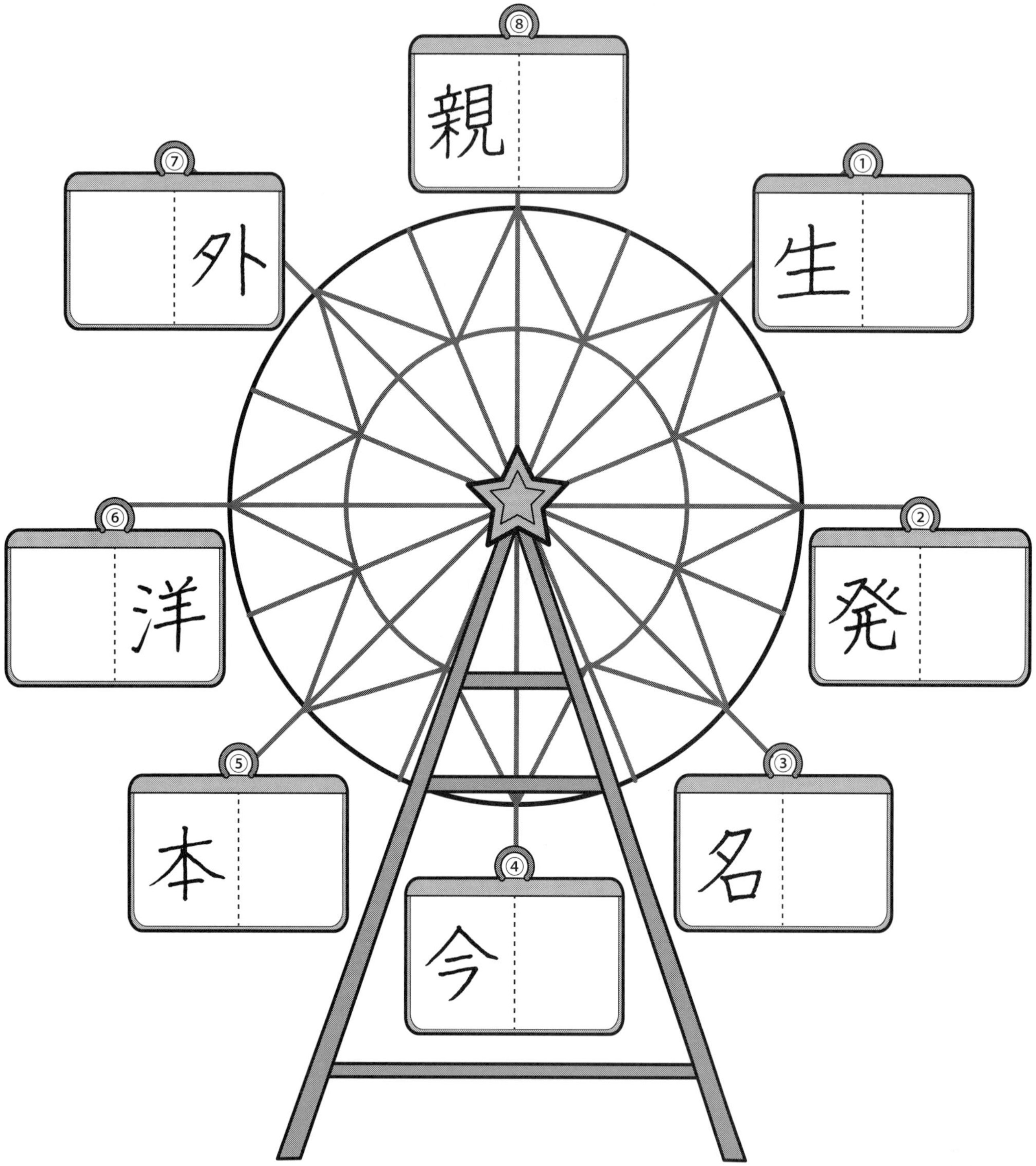

和　着　子　内　実　死　末　昔

2 次の□に反対になる漢字を選んで、熟語を作りましょう。

① 深
② 高
③ 長
④ 勝
⑤ 雨
⑥ 重
⑦ 買
⑧ 無

浅　敗　晴　軽　短　低　有　売

漢字で遊《あそ》ぼう ③

名前　　月　　日

1 漢字《かんじ》の部首《ぶしゅ》に気をつけて□に入る漢字を［　］から選《えら》んで書きましょう。

① 坂・飲・返 → □

② 労・和・動 → □

③ 教・旅・敗 → □

④ 転・径・軍 → □

加　飯　軽　放

2 スタートからゴールまで二字の熟語《じゅくご》をさがして進《すす》みましょう。また、残《のこ》った字でできる熟語を□に書きましょう。

スタート ⇒

飲	食	期	日	記
福	事	前	外	号
会	面	球	野	幸
話	体	温	回	想
題	字	度	数	定

⇓ ゴール

残った字でできる熟語

□

〈例《れい》〉

スタート

海	水	㊐暗
㊐号	場	所
気	病	持

ゴール

熟語

暗	号

漢字で遊《あそ》ぼう ④

名前

月　日

1 次《つぎ》の漢字《かんじ》を矢印《やじるし》（↓）の方へ読むと、熟語《じゅくご》ができます。□にあてはまる漢字を[　]から選《えら》んで書きましょう。

① 国（上）　市（左）　族（右）　家（下）

② 最（上）　当（左）　心（右）　日（下）

③ 寒（上）　水（左）　害（右）　気（下）

④ 改（上）　最（左）　好（右）　心（下）

⑤ 苦（上）　功（左）　力（右）　働（下）

良　冷　初
労　民

2 左右の漢字の部分《ぶぶん》を組み合わせると、一つの漢字になります。線で結《むす》びましょう。

(1)

① 木	㋐ 黄
② 山	㋑ 早
③ 艹	㋒ 合
④ 手（扌）	㋓ 石

(2)

① 貝	㋐ 争
② 雨	㋑ 化
③ 車	㋒ ヨ
④ 青	㋓ 圣
⑤ 日	㋔ 十

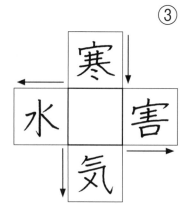

漢字で遊《あそ》ぼう ⑤

名前

月　日

1　次《つぎ》の漢字《かんじ》を矢印《やじるし》（↓）の方へ読むと、熟語《じゅくご》ができます。□にあてはまる漢字を□から選《えら》んで書きましょう。

①
大（上）・急（左）・身（右）・化（下）

②
特（上）・区（左）・館（右）・室（下）

③
加（上）・地（左）・病（右）・帯（下）

④
受（上）・日（左）・着（右）・近（下）

⑤
特（上）・量（左）・物（右）・業（下）

熱　産　変
付　別

2　ばらばらになった○と□のカードを組み合わせて漢字を完成《かんせい》させましょう。カードは、一回ずつ使《つか》います。

○：竟　貝　羊　意　京
□：亻　化　曰　金　君

（貨）　□　□　□　□

ごまかす
人をだます言葉。昔《むかし》「ごまどうらん」というおかしがあった。これは焼《や》いてふくらませて作ってあり、中身がない。ここから「ごまかし」「ごまかす」が生まれたという。

なぞなぞ
昔の人は「○○とは、何ぞ」と言っていた。「何ぞ、何ぞ」と、よくわからないときに言ったという。それが「なぞなぞ」となった。

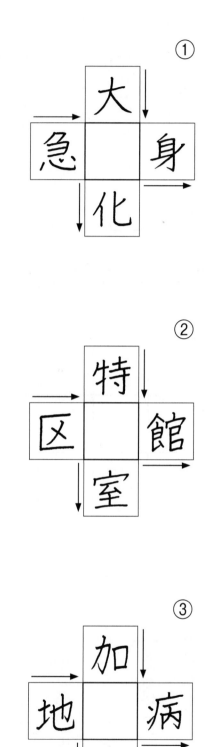

漢字しりとり・クロスワード ①

名前

月　日

1 □に漢字《かんじ》を入れて、しりとりをしましょう。同じ字でも、読み方が変《か》わるものもあります。

① □《ご》前《ぜん》 → □《まえ》□《ば》 → □《し》□《か》 → □《か》学《がく》

② 毛《もう》□《ひつ》 → □《ふで》□《ばこ》 → □《はこ》□《にわ》 → 庭《てい》□《えん》

③ □《しょく》物《ぶつ》 → □《もの》□《おと》 → □《おん》感《かん》 → □《かん》□《そう》

2 漢字クロスワードを完成《かんせい》させましょう。

①	②		■	③
④		■	⑤	
■	⑥	⑦	■	
⑧	■	⑨		
⑩			■	■

タテのかぎ

① のうか 「農業《のうぎょう》でくらしを立てている家。」

② さぎょうじょう 「仕事《しごと》をする所《ところ》。」

③ だいこんやくしゃ 「下手《へた》な役者《やくしゃ》。」

⑦ ないかい 「内ぞうの病気《びょうき》を治《なお》すお医者《いしゃ》さん。」

⑧ こうかい 「だれでも自由《じゆう》に見ることができるようにすること。」

ヨコのかぎ

① のうさくぶつ 「田や畑《はたけ》で作る物《もの》。」

④ かぎょう 「その家の仕事。」

⑤ きゅうこん 「丸い形の花の根《ね》。」

⑥ じょうない 「ある場所《ばしょ》の中。」

⑨ かがくしゃ 「科学を研究《けんきゅう》している人。」

⑩ かいぎょうい 「自分で病院《びょういん》を開《ひら》くお医者さん。」

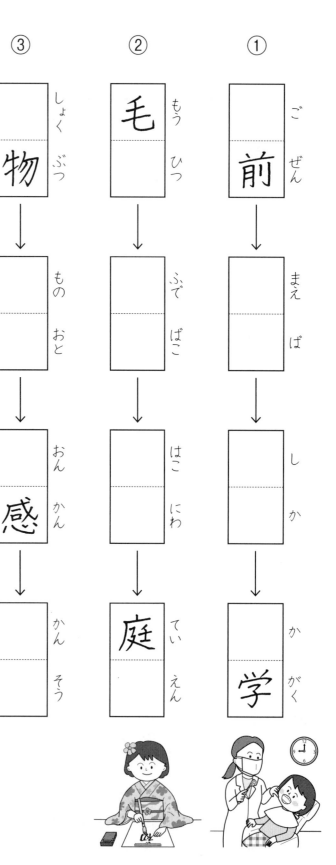

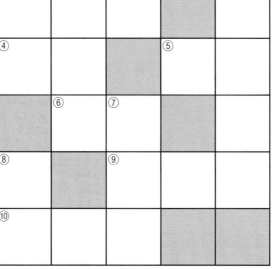

漢字しりとり・クロスワード ②

名前

月　日

1 □に漢字《かんじ》を入れて、しりとりをしましょう。同じ字でも、読み方が変《か》わるものもあります。

① □《りゅう》行《こう》 → □《こう》□《らく》 → □《らく》勝《しょう》 → □《かっ》□《て》□《ぐち》

② 飲《いん》□《しゅ》 → □《さか》□《や》 → □《おく》上《じょう》 → □《うわ》□《ぎ》

③ □《のう》薬《やく》 → □《くすり》□《ゆび》 → □《し》□《てい》 → 定《てい》□《いん》

2 ヒントを見て、漢字クロスワードを完成《かんせい》させましょう。

①		②	■	③
	■	④	⑤	
⑥		■	⑦	
	■	⑧	■	■
■	⑨			

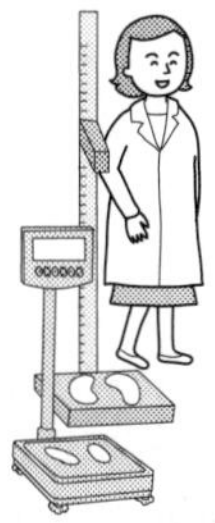

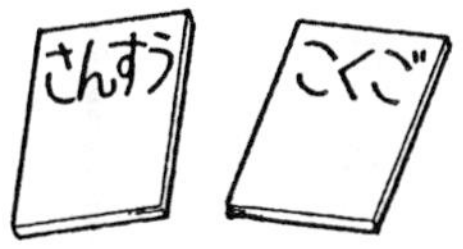

タテのかぎ

① たいかんおんど 〔体に感《かん》じる温度《おんど》。〕

② けいさん 〔式《しき》と答え。〕

③ きょうかしょ 〔学校で使《つか》う本。〕

⑤ すうじ 〔「かず」ともいう。〕

⑧ はっそう 〔物《もの》を送《おく》り出すこと。〕

ヨコのかぎ

① たいじゅうけい 〔体の重《おも》さを量《はか》る。〕

④ さんすうか 〔かずや図形。〕

⑥ おんわ 〔おとなしくてやさしい。〕

⑦ じしょ 〔漢字の読み方や意味《いみ》がわかる本。字典《じてん》。〕

⑨ ほうそういいん 〔音楽やお知らせを流《なが》す。〕

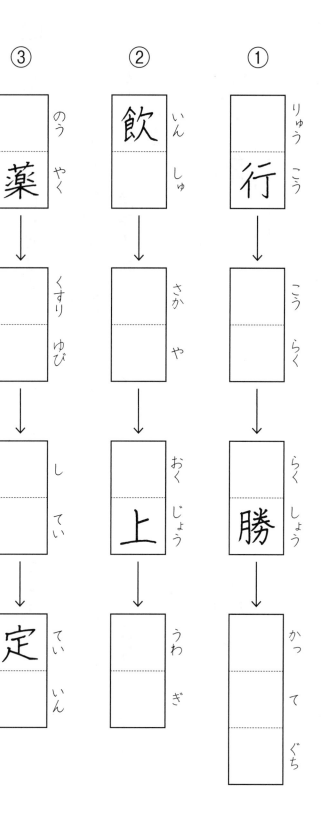

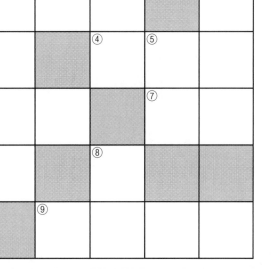

漢字しりとり

名前

月　日

1 県名《けんめい》しりとりをしましょう。㋐～㋖にあてはまる県名をかたかなで書きましょう。そして、下の□に㋐～㋖の県名を漢字《かんじ》で書きましょう。

㋐ ナ ガ サ キ → ㋑ キ ヨ □ ト → ㋒ □ □ ギ

→ ㋓ □ □ → ㋔ □ □ □ カ

→ ㋕ □ □ □ ワ → ㋖ □ □ □ マ

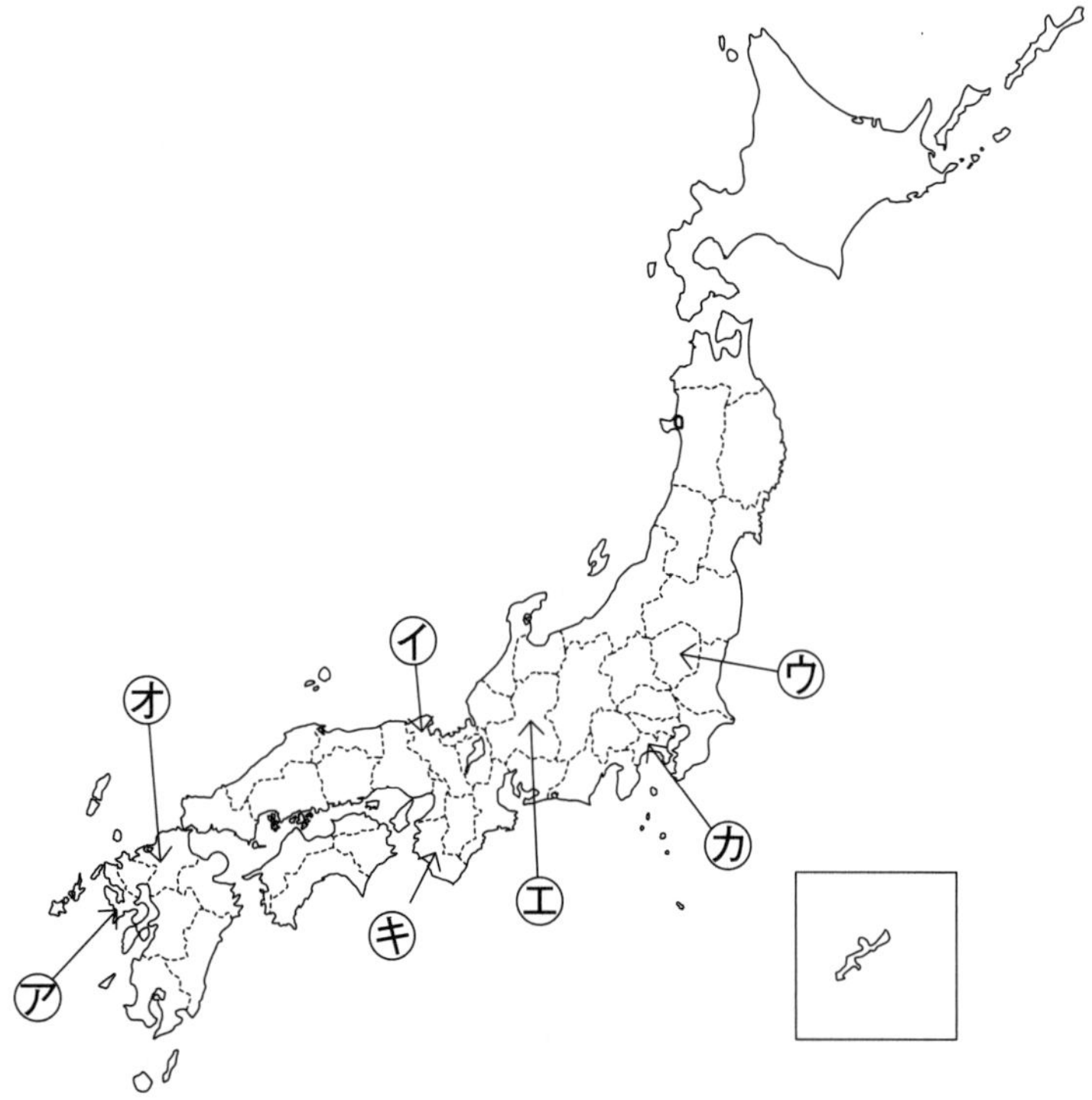

㋐	㋑	㋒	㋓	㋔	㋕	㋖

2 漢字を使《つか》ったしりとりです。二字熟語《じゅくご》をつないでいきます。

① 屋《や》根《ね》→根《こん》本《ぽん》のように同じ漢字でしりとりします。漢字の読み方は変《か》わるときもあります。

スタート
汽《き》船《せん》 ↓ □《せん》□《しつ》
→ □《しつ》□《ない》 ↓ □《ない》□《かい》
→ □《かい》□《そう》 ↓ □《くさ》□《ばな》
→ □《はな》□《び》 ↓ □《か》□《ざん》
ゴール

② 屋《や》根《ね》→音《ね》色《いろ》のように、読み方は同じで、ちがう漢字に変わります。

スタート
汽《き》船《せん》 ↓ □《せん》□《せい》
→ □《せい》□《こう》 ↓ □《こう》□《く》
→ □《く》□《ろう》 ↓ □《ろう》□《ご》
→ □《ご》□《ぜん》 ↓ □《ぜん》□《ぶ》
ゴール

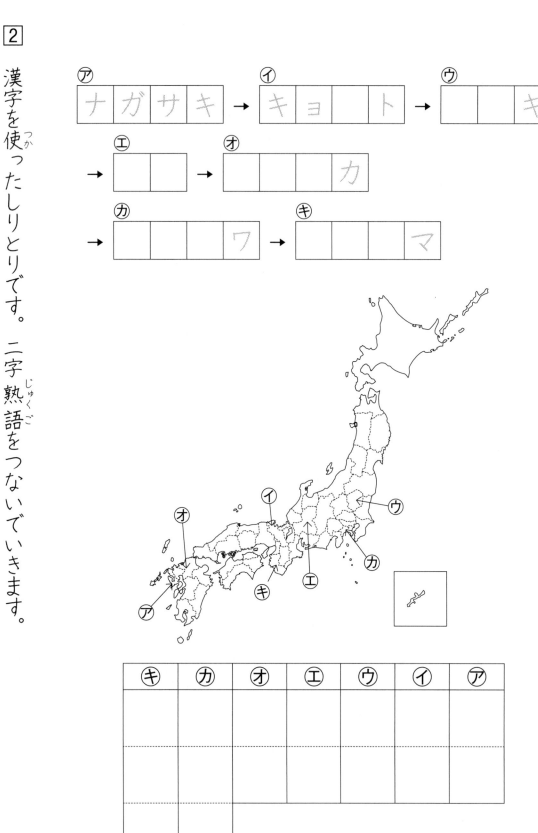

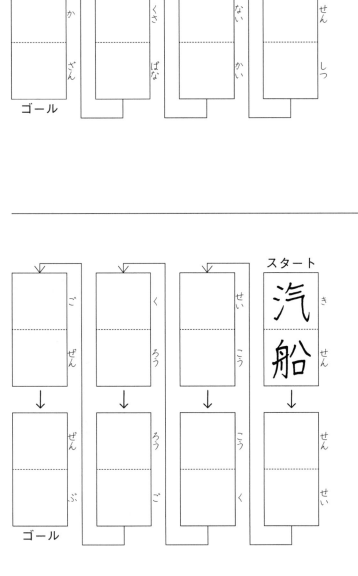

パズル ①

名前

月　日

❀ 文字の中に、海の動物《どうぶつ》がかくれています。

(1) かくれている動物を見つけて文字をかこみましょう。だく音も「コ、サ、シ、ト」となっています。また、絵を見て動物の名前を□に書きましょう。

① ト□

② □□カ

③ ク□□

④ ジ□□□

⑤ □□□マ

⑥ オ□□□□

⑦ セ□□□

⑧ □□□シ

⑨ ア□□

⑩ マ□□□

⑪ ラ□□

ア	シ	カ	シ	ロ	ク	マ
サ	チ	コ	ユ	イ	ジ	ナ
ラ	ウ	リ	コ	ル	ラ	テ
シ	イ	ト	ン	カ	ツ	イ
イ	セ	ト	ツ	オ	コ	ラ

(2) 残《のこ》った文字でできる動物は何でしょう。

□□□

パズル ②

名前　　　月　　日

❀ 文字の中に「えと」の動物《どうぶつ》がかくれています。

(1) かくれている動物を見つけて文字をかこみましょう。だく音も「き、し、す、ひ」となっています。また、絵を見て動物の名前を□に書きましょう。

に	わ	と	り	き	へ	ひ
た	つ	ら	ね	す	み	つ
う	さ	き	い	の	し	し
し	る	り	ぬ	う	ま	ん

①

②

③

④

⑤

⑥

⑦

⑧

⑨

⑩

⑪

⑫

(2) 残《のこ》った文字でできる動物は何でしょう。

道《みち》案《あん》内《ない》をする　①

名前

月　日

山田さんは、買《か》い物《もの》に行くと中で、顔見知りの中川さんに道をたずねています。

山田　□□へは、どう行けばよいのでしょうか。

中川　この道を真《ま》っすぐ進《すす》んで、信号《しんごう》のある交差点《こうさてん》を右に曲《ま》がります。
そのまま進み、公園の角を左へ折《お》れます。
そのまま真っすぐつきあたりまで行くと、肉屋《にくや》の右どなりにあります。

1　中川さんの説明《せつめい》通りの道順《みちじゅん》を赤色の線で書きましょう。

2　山田さんは、どの店へ行ったのでしょうか。

（　　　　）

3　山田さんが、始《はじ》めに真っすぐ進んだ方角は、南ですか北ですか。

（　　　　）

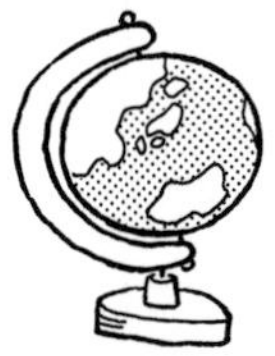

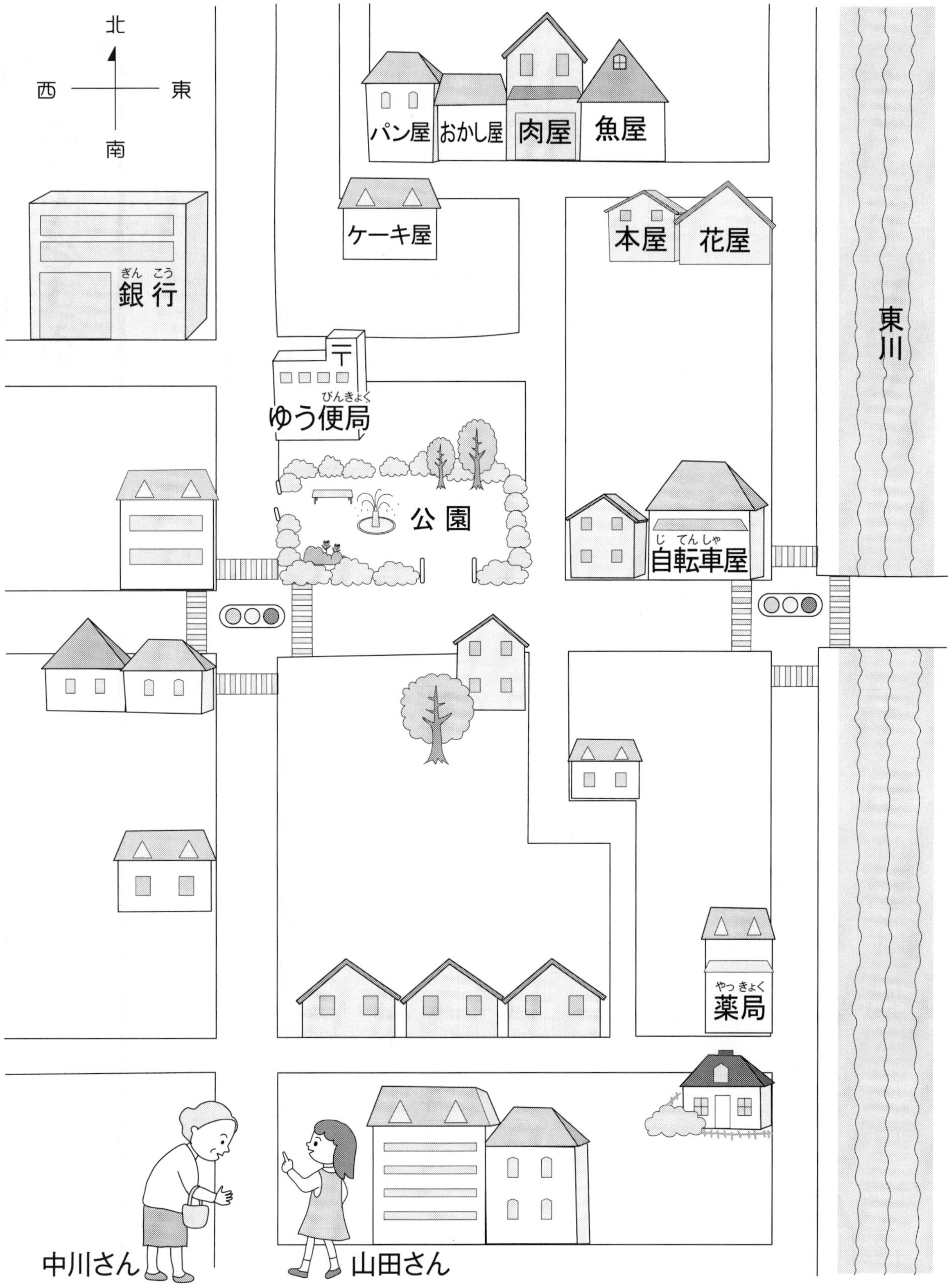

道案内をする ②

名前

月　日

❀ 魚屋《さかなや》からおばあさんの家へ行きます。自分が歩いているつもりで、目印《めじるし》になるものや方角を入れて、次《つぎ》の道案内《みちあんない》を完成《かんせい》させましょう。□に入れる言葉《ことば》は□から選《えら》びましょう。おばあさんの家には、好《す》きな色をぬりましょう。

① 魚屋の前の道を□に向《む》かって行くと、右の角に□があります。

② そこを□へ曲《ま》がり、真《ま》っすぐ進《すす》んで信号《しんごう》のある［交差点］をわたり、次の三つ角まで行きます。

③ そこに□があります。その向かいが、おばあさんの家です。

花屋　薬局《やっきょく》　東　右

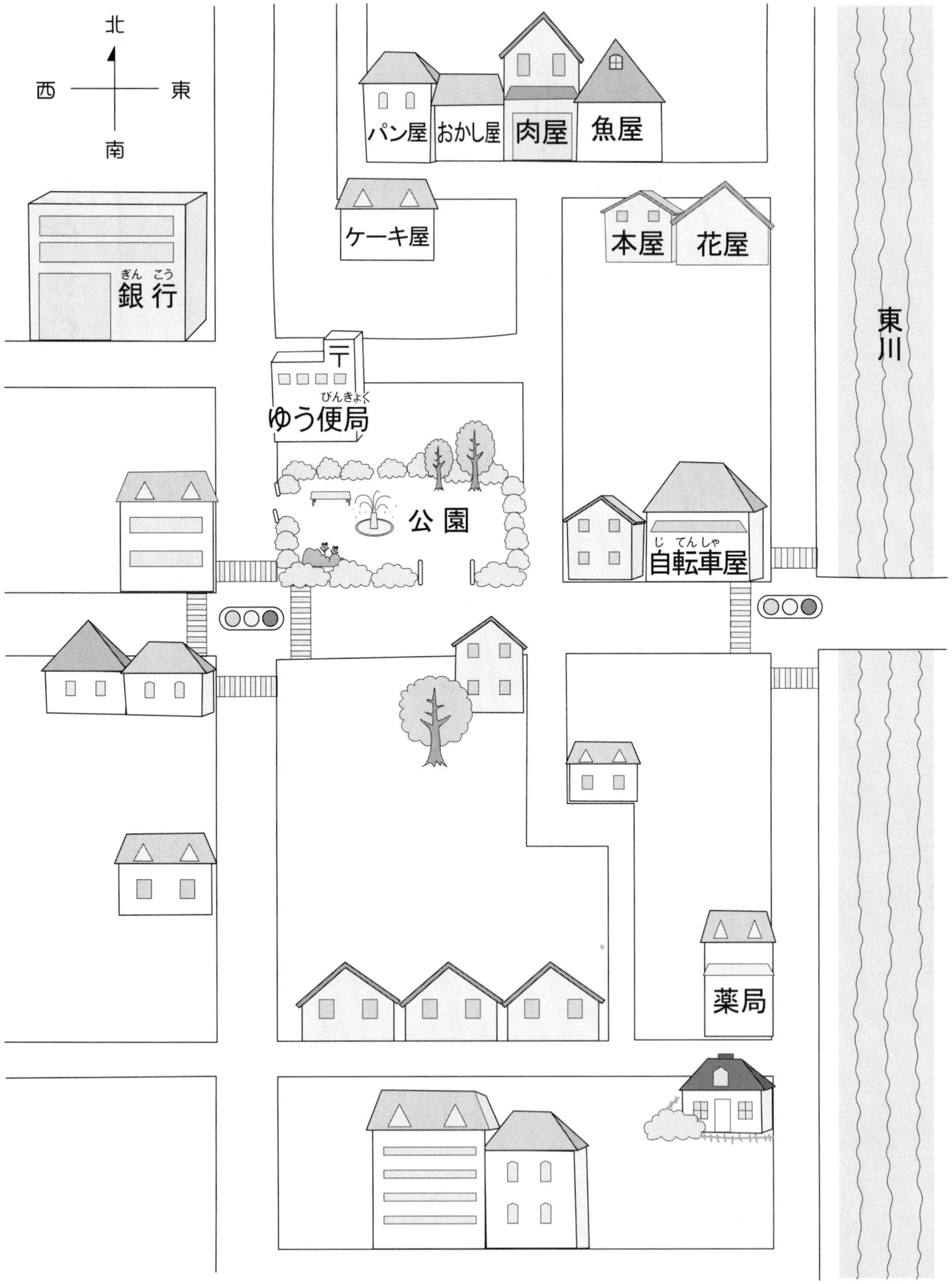

北
西
東
南
パン屋
おかし屋
肉屋
魚屋
銀行《ぎんこう》
ケーキ屋
本屋
花屋
東川
ゆう便局《びんきょく》
公園
自転車屋《じてんしゃや》
薬局

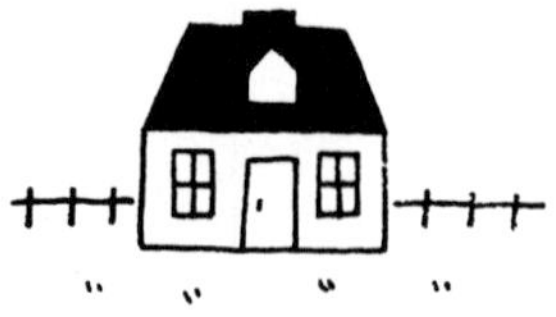

慣用句《かんようく》 ①

名前

月　日

❀ 次《つぎ》の言葉《ことば》の意味《いみ》に合うものを線で結《むす》びましょう。

(1) 「手」

① 手につかない ・　・ ㋐ 他《ほか》のことに気を取《と》られ集中《しゅうちゅう》できない。

② 手を変《か》え品《しな》を変え ・　・ ㋑ 見ながら、こうふんしたりきんちょうしたりする。

③ 手を借《か》りる ・　・ ㋒ 手伝《てつだ》う、手助《てだす》けする。

④ 手にあせをにぎる ・　・ ㋓ さまざまに方法《ほうほう》・手だんを変える。

⑤ 手をかす ・　・ ㋔ 手伝ってもらう。

(2) 「足」

① 足がぼうになる ・　・ ㋐ 長く歩いたりしてつかれて、足がこわばる。

② 足がにぶる ・　・ ㋑ 歩く力や走る力が落《お》ちる。

③ 足が付《つ》く ・　・ ㋒ 足を下ろすすき間もなく、散《ち》らかっている。

④ 足のふみ場もない ・　・ ㋓ はん人の足取《あしど》りがわかる。

⑤ 足がすくむ ・　・ ㋔ きょうふやきんちょうで足が動《うご》かなくなる。

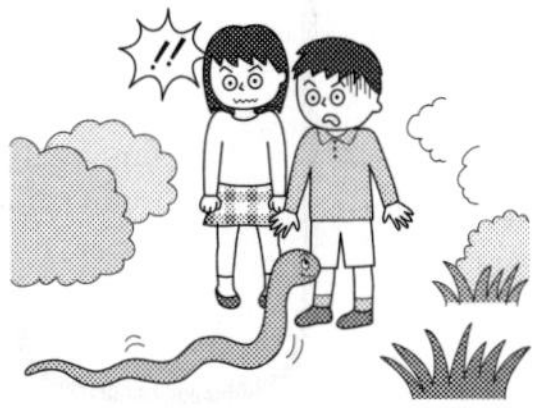

慣用句《かんようく》 ②

名前

月　日

✿ 次《つぎ》の言葉《ことば》の意味《いみ》に合うものを線で結《むす》びましょう。

(1) 「目」

① 目が回る　・　・

② 目に角を立てる　・　・

③ 目をこらす　・　・

④ 目を丸くする　・　・

⑤ 目を光らす　・　・

㋐ あやしいと思い、見はりをする。

㋑ ひどくおこってにらみつける。

㋒ 目がくらむ。めまいがする。

㋓ じっと見つめる。

㋔ おどろいて目を大きく開《ひら》く。

(2) 「耳」

① 聞き耳を立てる　・　・

② 耳がいたい　・　・

③ かべに耳あり、しょうじに目あり　・　・

④ 耳をそろえる　・　・

⑤ 小耳にはさむ　・　・

㋐ 自分のまちがいを言われて、聞くのがつらい。

㋑ よく聞こうと、耳をかたむける。

㋒ ちらっと聞く。

㋓ どこでだれが聞いたり見たりしているかわからないので、ひみつはもれやすいこと。

㋔ お金などを全部《ぜんぶ》そろえる。

慣用句 ③

名前

月　日

1 次《つぎ》の文は体を使《つか》った慣用句《かんようく》です。次の□に合う言葉《ことば》を書きましょう。

(1)

① 百点取《と》って、□が高い。

② あまりに高くて、□が出ない。

③ □が固《かた》い人は、信用《しんよう》される。

④ 兄は、何にでも□をつっこみたがる。

⑤ うれしすぎて、□が地に着《つ》かない。

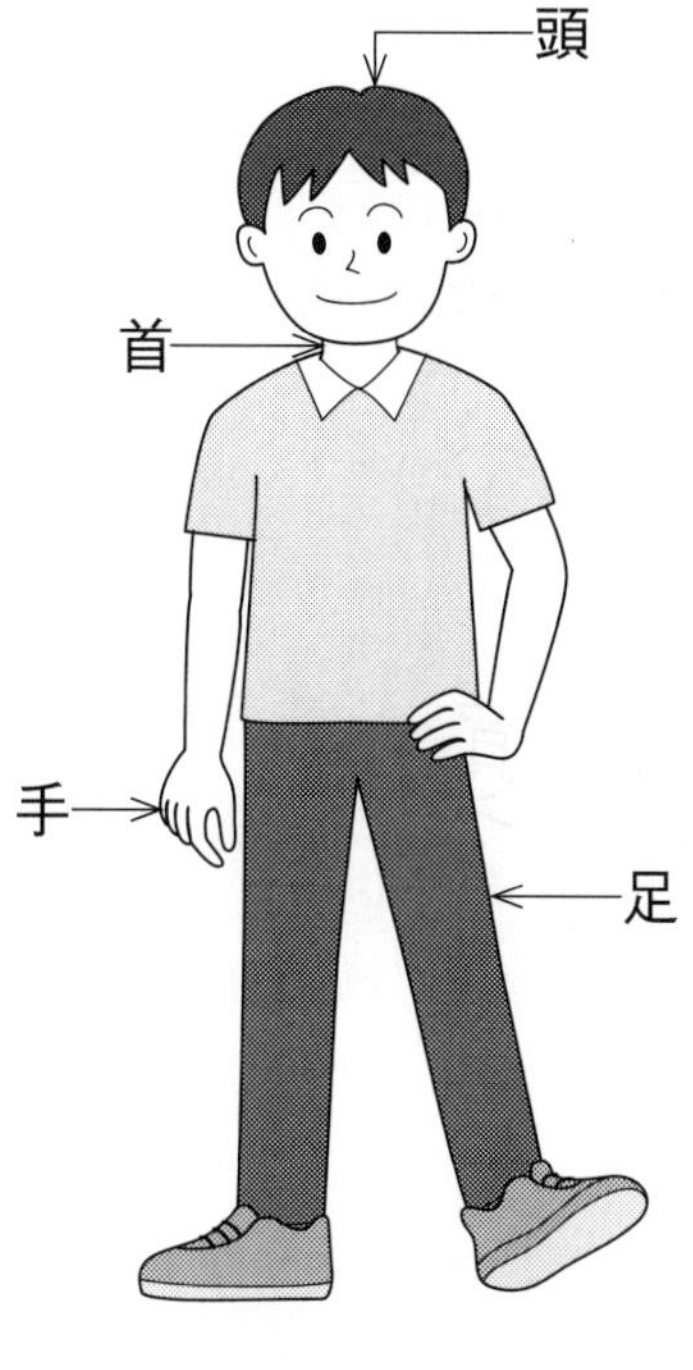

(2)

① 立ぱな行動《こうどう》を見て、□が下がる。

② 何回も言われて、□にタコができる。

③ マナーの悪《わる》い人に、□をひそめる。

④ すばらしいスピーチに□をまく。

⑤ 先生は、みんなの安全《あんぜん》に□を配《くば》る。

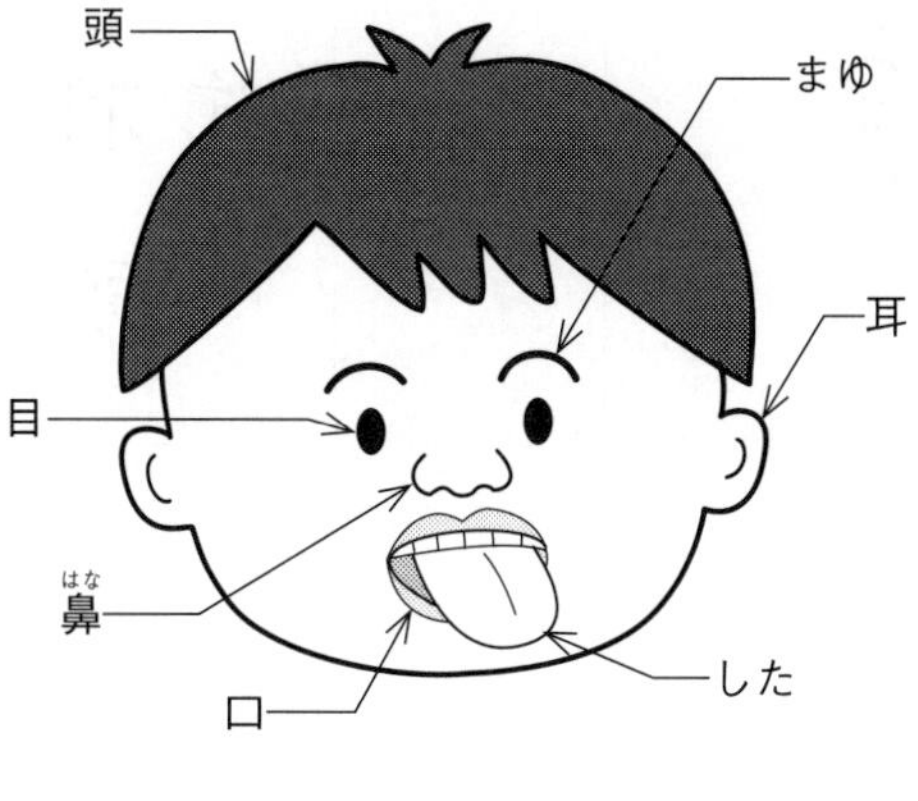

2 次の（　）に合う言葉を、□から選《えら》んで書きましょう。

① あの人とは何をしても（　）が合う。

② 少しうまくいっただけで（　）に乗《の》ってはいけない。

③ 今までの練習《れんしゅう》が（　）を結《むす》んだ。

図　馬　実

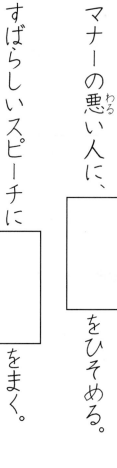

慣用句 ④

名前

月　日

1 次《つぎ》の絵を見て、（　）にあてはまる言葉《ことば》を□から選《えら》んで、慣用句《かんようく》を完成《かんせい》させましょう。その意味《いみ》はア～オから選んで□に記号《きごう》を書きましょう。

①

（　）をつっこむ □

②

（　）に合う □

③
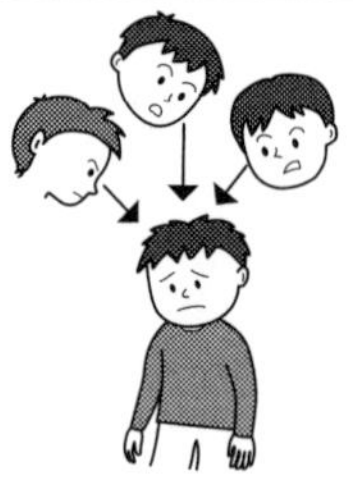
白い（　）で見る □

④

（　）が下がる □

⑤

（　）をのばす □

口　羽　頭
目　首

- ア 食《た》べ物《もの》の味《あじ》が、自分の好《す》きな味《あじ》。
- イ 感心《かんしん》し、そんけいする気持《きも》ちになること。
- ウ 自分から勝手《かって》に、物事《ものごと》に関係《かんけい》すること。
- エ ゆっくりと、のびのび自由《じゆう》にすること。
- オ 冷《つめ》たい目で人を見ること。

2 慣用句として、正しいものに○をつけましょう。

① あげ足を
- ア（　）とる
- イ（　）たす
- ウ（　）ひく

② 油《あぶら》を
- ア（　）買う
- イ（　）ためる
- ウ（　）売る

③ 目と鼻《はな》の
- ア（　）後
- イ（　）中
- ウ（　）先

④ 耳に
- ア（　）タコができる
- イ（　）イカができる
- ウ（　）エビができる

慣用句　⑤

名前　　　　月　　日

1 次《つぎ》の慣用句《かんようく》にあてはまる動物《どうぶつ》を□から選《えら》んで□に書きましょう。また、その意味《いみ》を㋐～㋖から選んで○に書きましょう。

① □のなくような声　○

② □□□のなみだ　○

③ ふくろの□□□　○

④ 借《か》りてきた□□　○

⑤ □□の巣《す》をつついたよう　○

⑥ □□□の行水《ぎょうずい》　○

⑦ □の遠ぼえ　○

㋐ ふだんよりおとなしくしていたり、かしこまったりしている様子《ようす》。

㋑ 手が付《つ》けられないいくらいの大さわぎの様子。

㋒ おふろに入る時間がとても短《みじか》いこと。

㋓ 勇気《ゆうき》や力のない人がはなれたところからえらそうに言うこと。

㋔ 追《お》いつめられてにげ場がなくなること。

㋕ 体の小さいスズメが出すくらい少ない様子。

㋖ 力の羽の音くらい小さい声のこと。

2 次の慣用句は、動植物《どうしょくぶつ》を使《つか》っています。□に合う言葉《ことば》を、絵をヒントにして書きましょう。

① 最後《さいご》は、兄に□を持《も》たせる。

② まるで□につままれたような気分になった。

③ □のひたいほどの庭《にわ》でも、楽しめる。

④ あの人は、□をわったようなせいかくだ。

⑤ かれは今、□のい所《どころ》が悪《わる》い。

ことわざ ①

名前

月　日

表《おもて》の意味《いみ》だけでなく、そのうらに、教訓《きょうくん》やいましめなどをふくめている言葉《ことば》です。
□に言葉を、（　）に記号《きごう》を書きましょう。

① □かくして しりかくさず　（　　）

② 一□二鳥　（　　）

③ □にかいたもち　（　　）

④ えんの下の□□ち　（　　）

⑤ かべに□あり しょうじに目あり　（　　）

⑥ わらうかどには□来たる　（　　）

あ

形があるだけで、何の役《やく》にも立たないもの。

い

全《すべ》てをかくしたつもりでも、他人《たにん》に見られている間のぬけたこと。

う

人に見えないところで、しっかり力を出して働《はたら》いている人のこと。

え

一回の行いで多くのとくをすること。

お

苦《くる》しい時も希望《きぼう》を失《うしな》わず、にこやかにがんばっていれば幸《しあわ》せはやって来る。

か
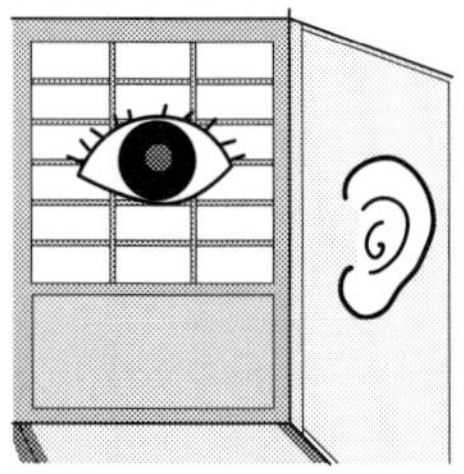
かくし事《ごと》は、注意《ちゅうい》しないと、見つかりやすい。

ことわざ ②

名前

月　日

1 次《つぎ》の□に合う動物《どうぶつ》を絵から選《えら》んで、ことわざを完成《かんせい》させましょう。

① □も歩けばぼうに当たる
（何かをしていると、良《よ》いことや悪《わる》いことに出会うこと。）

② □の耳に念《ねん》ぶつ
（いくら言《い》っても、きき目がないこと。）

③ □のつらに水
（どのようなことをされても平気《へいき》な様子《ようす》。）

④ □ににらまれたカエル
（こわいものや、苦手《にがて》なものの前では、身《み》がすくんで動《うご》けない様子。）

2 次のことわざの意味《いみ》とよくにたことわざを下から選《えら》んで——で結《むす》びましょう。

① ネコに小ばん　・　　・　㋐ かっぱの川流《なが》れ

② たなからぼたもち　・　　・　㋑ ひょうたんからこま

③ サルも木から落《お》ちる　・　　・　㋒ ブタに真《しん》じゅ

④ アブハチ取《と》らず　・　　・　㋓ 弱り目にたたり目

⑤ 泣《な》きっつらにハチ　・　　・　㋔ 二《に》とを追《お》う者《もの》は一《いっ》とをもえず

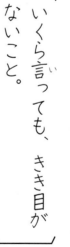

ことわざ ③

名前

月　日

次《つぎ》の（　）に合う生《い》き物《もの》をイラストから選《えら》んで書きましょう。

①
（　　）の一声

けん力者《しゃ》の一言で物事《ものごと》が決《き》まること。

②
月と（　　）

くらべものにならないくらい差《さ》があること。

③
（　　）の知らせ

何かが起《お》こりそうな予感《よかん》がしたり、前兆《ぜんちょう》があったりすること。

④
（　　）を読む

数や年をごまかすこと。

⑤
（　　）に真《しん》じゅ

物のかちがわからない者《もの》にあたえても無《む》だになること。

⑥
（　　）の行水《ぎょうずい》

おふろの時間が短《みじか》いこと。

⑦
（　　）の子はかえる

子どものとく意《い》なこと苦手《にがて》なことが、親とにていること。

⑧
取《と》らぬ（　　）の皮《かわ》算用

まだ実《じっ》げんしていないのに、利《り》えきを計算したり、期待《きたい》したりすること。

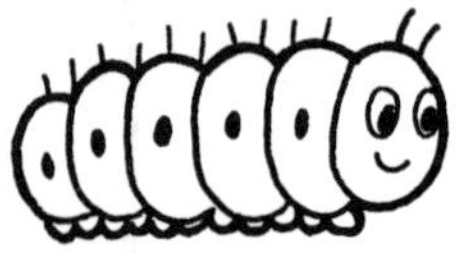

ことわざめい路 ①

名前

月　日

次《つぎ》のことわざに合う生《い》き物《もの》を□に書いて、めい路《ろ》を進《すす》みましょう。

① □も歩けばぼうに当たる

② □に真《しん》じゅ

③ □の耳に念《ねん》ぶつ

④ □も木から落《お》ちる

⑤ 泣《な》きっつらに□

⑥ □に小ばん

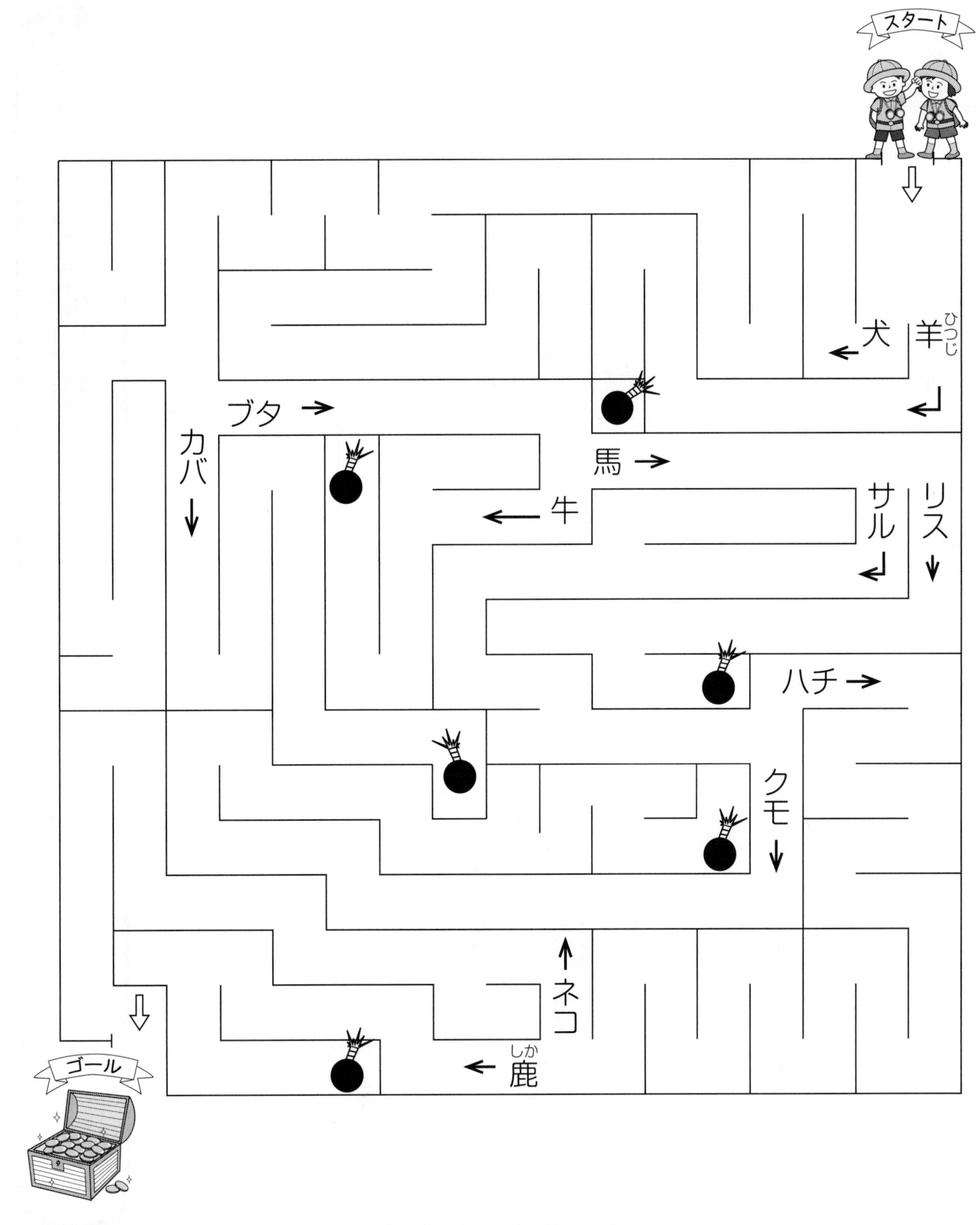

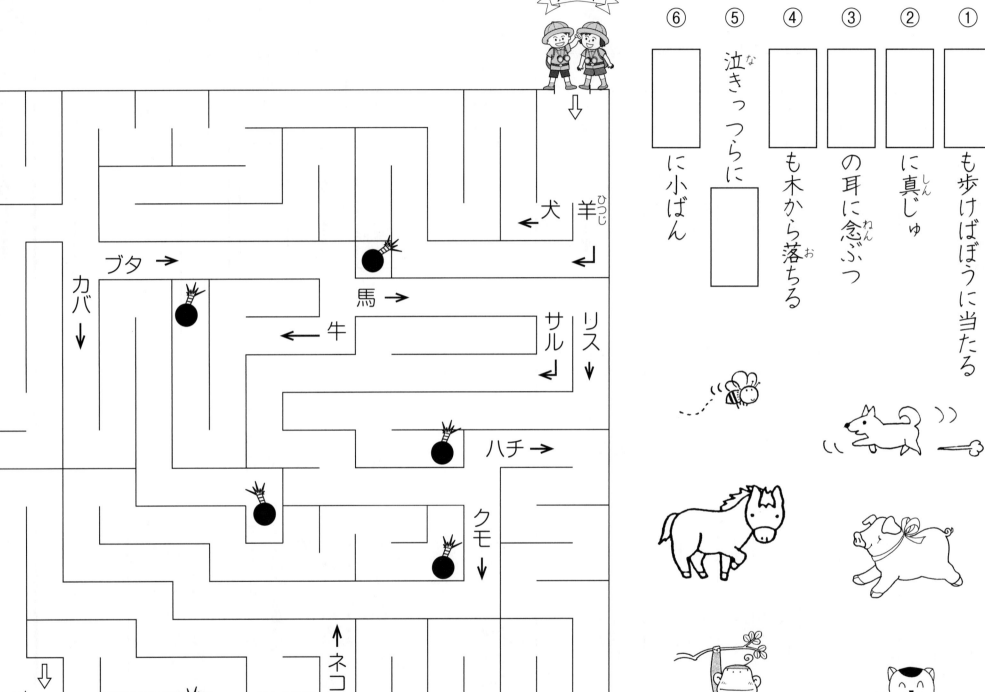

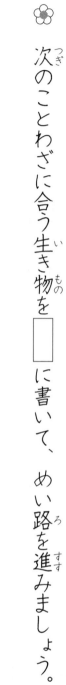

ことわざめい路 ②

名前　　　　月　　日

次《つぎ》のことわざに合う生《い》き物《もの》を□に書いて、めい路《ろ》を進《すす》みましょう。

① □転《ころ》び八《や》起《お》き

② たなから□

③ 目の上の□

④ □でタイをつる

⑤ 花より□

つめたい（冷《つめ》たい）
冷たい物《もの》に指先《ゆびさき》がふれると、いたく感《かん》じて「つめいたい」となった。これがやがて「つめたい」となった。

まつげ・まぶた
昔《むかし》は「目」のことを「ま」と言っていた。それで「目《ま》の毛」「目《ま》のふた」という言葉《ことば》になった。

ちょっかいを出す
「ちょっかい」を出す動物《どうぶつ》がいる。それは、ネコである。ちょっと手、指でひっかくのだ。それがよけいな口出し、手出しをするという意味《いみ》になった。

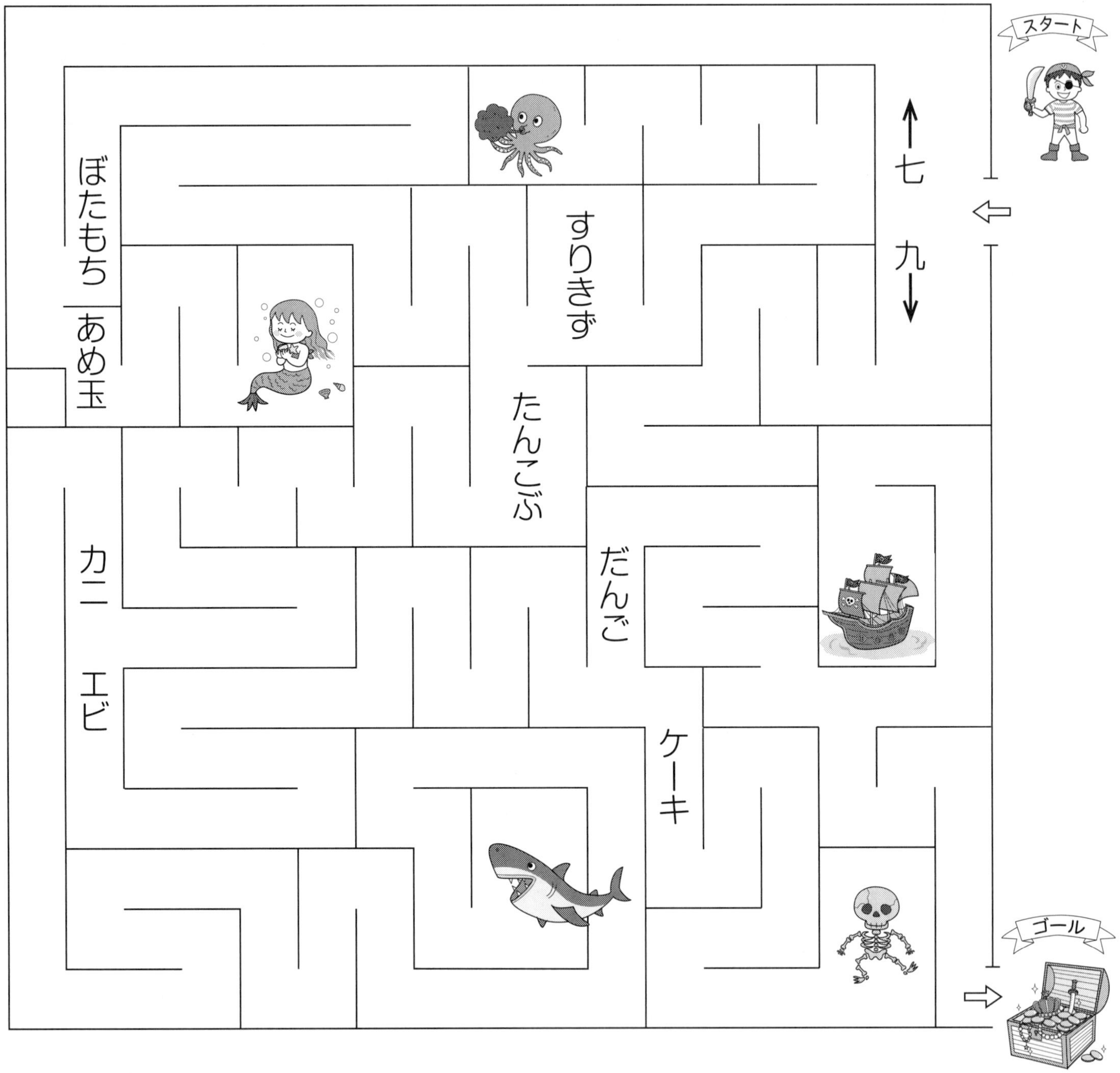

一年の主な祝日《しゅくじつ》や季《き》節《せつ》行事

名前

月　日

一月から十二月までの主《おも》な行事《ぎょうじ》が書いてあります。□に合う漢字《かんじ》を書きましょう。

1月

・一日　□□《がんじつ》

・十一日　□□《かがみびら》き

・第二月曜日　□□《せいじん》の日

2月

・三日ごろ　□□《せつぶん》

・四日ごろ　□□《りっしゅん》

・十一日　□□□□《けんこくきねん》の日

・二十三日　□《てん》皇《のう》誕《たん》□□《じょうび》

3月

・二十日ごろ　□□《しゅんぶん》の日

5月

・三日　憲《けん》□□□□《ぽうきねんび》

6月

・二十二日ごろ　□《げ》至《し》

7月

・七日　□□《たなばた》

8月

・七日ごろ　□□《りっしゅう》

9月

・九日　□□《ちょうよう》の□《せっ》句《く》

・第三月曜日　敬《けい》□《ろう》の日

11月

・三日　□□《ぶんか》の日

・二十三日　勤《きん》□□《ろうかん》謝《しゃ》の日

12月

・二十二日ごろ　□《とう》至《じ》

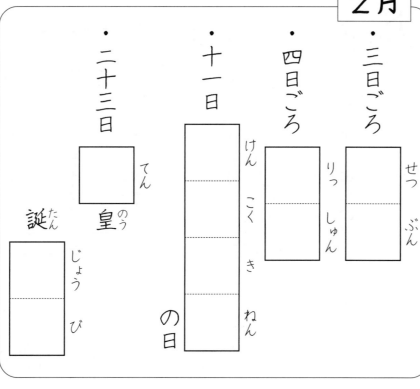

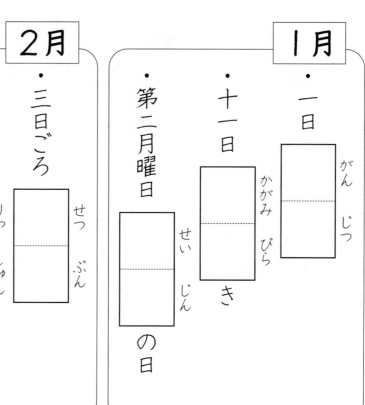

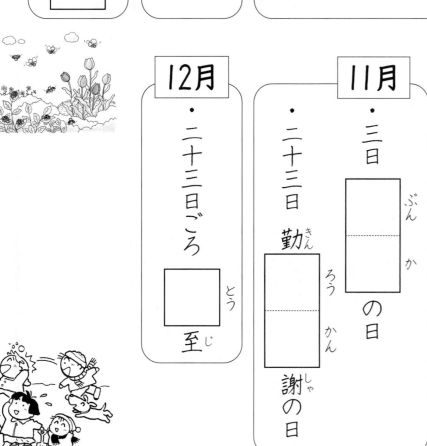

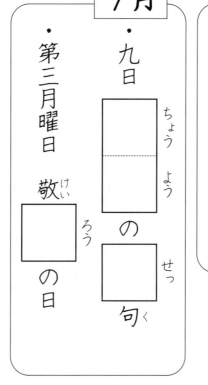

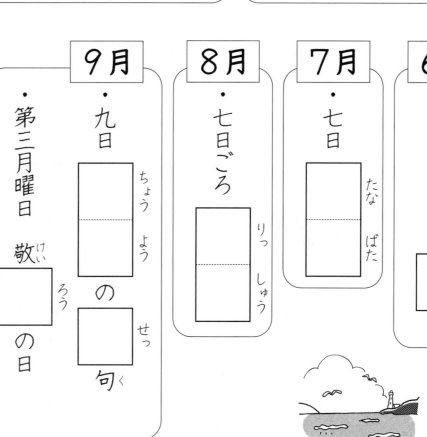

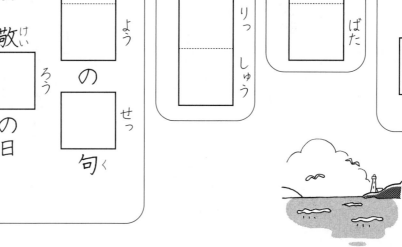

クロスワード　5×5マス

名前

月　日

1 次《つぎ》の問題《もんだい》をといて、クロスワードを完成《かんせい》させましょう。

タテのかぎ

1 かしわの葉《は》に包《つつ》まれたおもち。

2 たからがかくされている島《しま》。

3 春に土手に生える植物《しょくぶつ》。食べられる。

4 森にすむ小さな動物《どうぶつ》。しっぽが太く、木の実《み》を食べる。

7 ふると音が鳴る楽器《がっき》。

10 にぎり○○。まき○○。

1	2	3		4
5			■	
6			7	■
8		■	9	10
11			■	

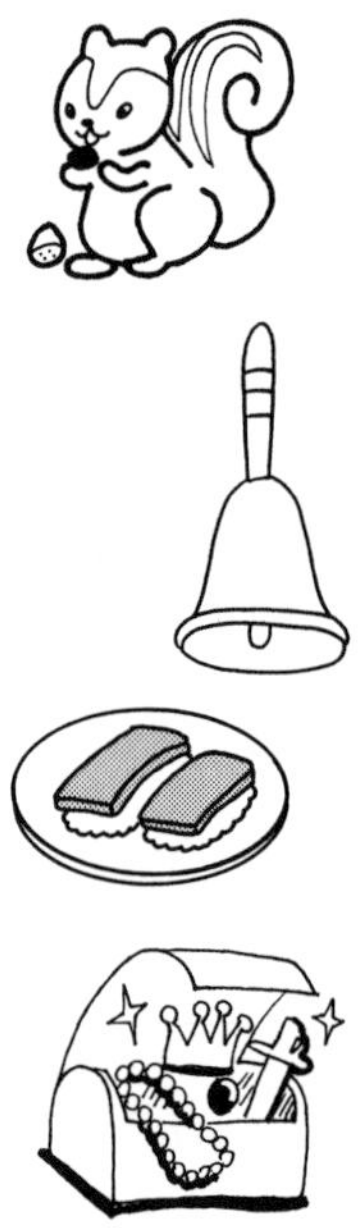

ヨコのかぎ

1 デンデンムシともいう。

5 形。四つの辺《へん》と角がある。

6 「○○○○長者《ちょうじゃ》」物《もの》を交かんしていくうちにお金《かね》持《も》ちになった昔話《むかしばなし》。

8 書くもの。ひらがな、かたかな、漢字《かんじ》のこと。

9 外出していて、家にいないこと。

11 ささの葉でまいたおもち。

2 次のめい路《ろ》を、正しい言葉《ことば》を選《えら》んでゴールまで行きましょう。

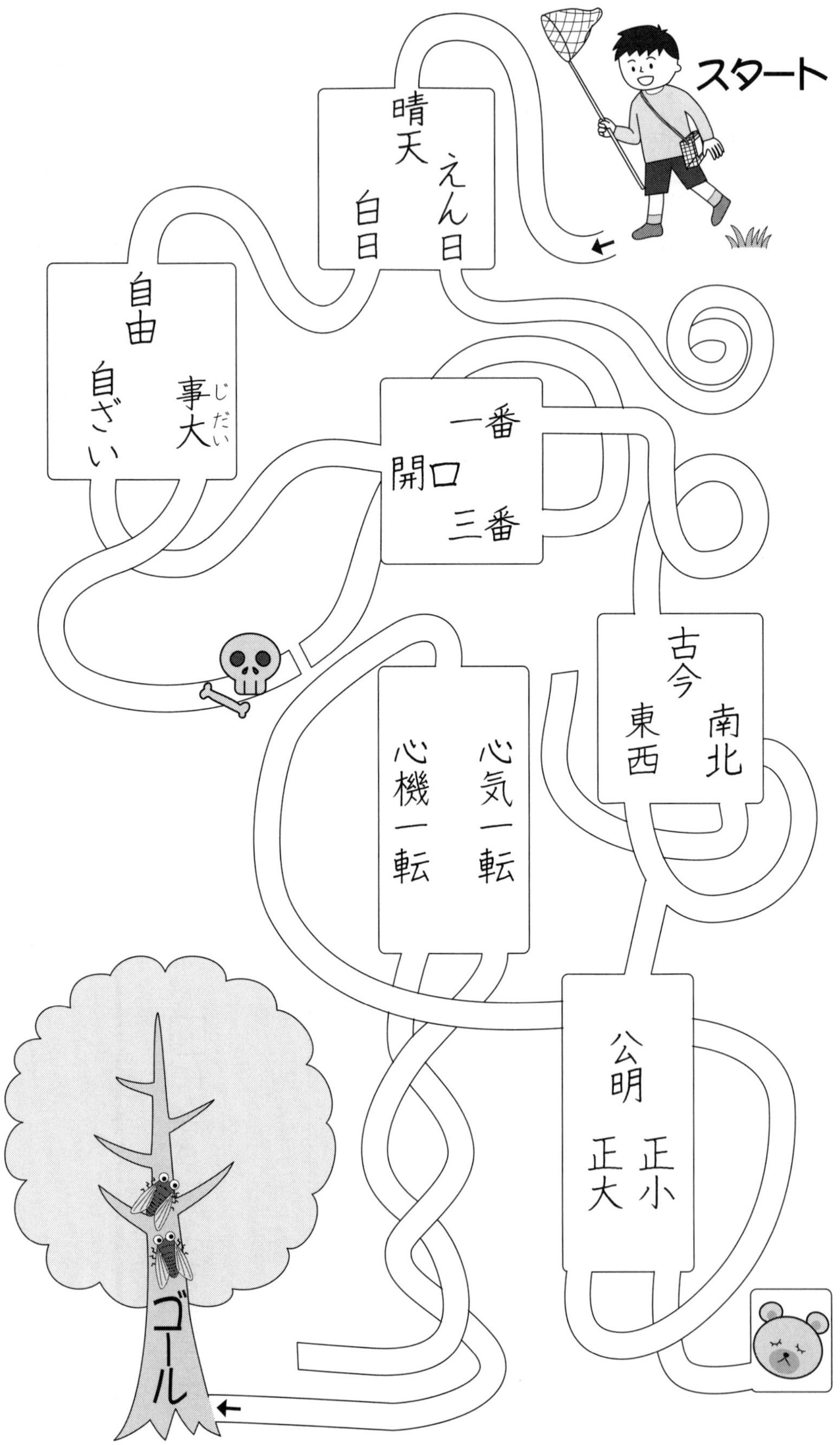

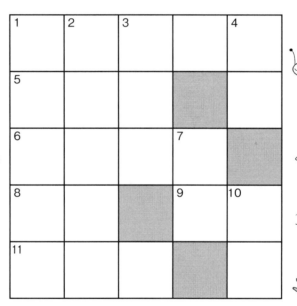

クロスワード　6×6マス　①

名前

月　日

次《つぎ》の問題《もんだい》をといて、クロスワードを完成《かんせい》させましょう。

タテのかぎ

1　夏の果物《くだもの》。メロンなど、うりの仲間《なかま》。

2　にんじん、白菜《はくさい》、ピーマンなど料理《りょうり》の材料《ざいりょう》。

3　秋にさく花の名前。てんらん会などもあります。

4　泣《な》いている赤ちゃんなどのきげんをとります。

6　かれた木に生えるきのこ。ほしたものも多く売られています。

8　ハスという植物《しょくぶつ》の根《ね》を食べます。

11　奈良《なら》公園にたくさんいます。角切りをします。

12　かみの毛をこれでときます。

14　じんべえ○○のような大きいものもいます。こわいのは人くい○○です。

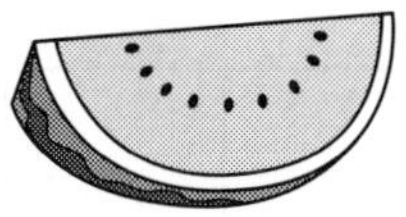

1		2	3	■	4 あ
	■	5		6	
7	8		■	9	
■		■	10		■
11		12	■	13	14
15				■	

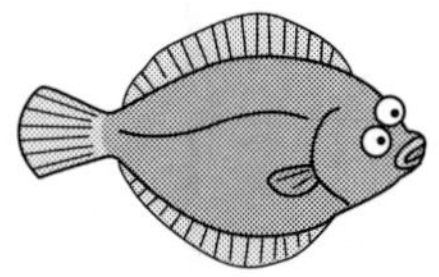

ヨコのかぎ

1　肉、豆《とう》ふ、野菜《やさい》など、好《す》きな物《もの》をなべに入れて、にながら食べる料理。

5　本を書いた人。

7　体が平《ひら》たく、海の底《そこ》にすむ魚。よくにたものにひらめがいる。

9　こしかけるもの。

10　○○がころ、とか、○○を持《も》つなどと使《つか》われる。

11　高知県《こうちけん》や徳島県《とくしまけん》がある地方。

13　今日《きょう》の朝のこと。

15　ありがたく思う気持《きも》ち。

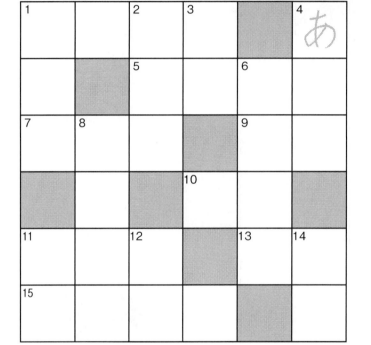

クロスワード　6×6マス　②

名前

月　日

次《つぎ》の問題《もんだい》をといて、クロスワードを完成《かんせい》させましょう。

タテのかぎ

1 みんなで歌を歌ったり、楽器《がっき》をえんそうする会。

2 子どもが親を大切にすること。「親○○○○する」

3 「売る」の反対《はんたい》になる言葉《ことば》。

4 この年。本年。「今年」と書く。

6 スパイス。実《み》は赤い。とてもからい。

9 「良《よ》い」と同じ。「頭が○○ね」

11 かみの毛に使《つか》うもの。「○○でかみを整《ととの》える」

13 「下」の反対になる言葉。

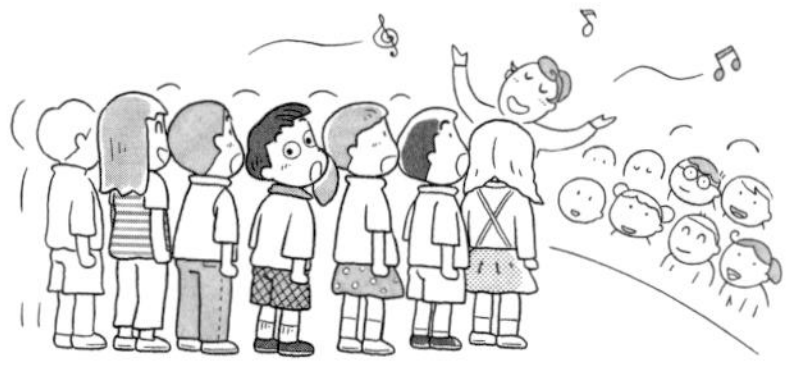

1		2	■	3	4
	■	5	6		
7				■	
	■	8		9	■
10	11	■	12		13
14				■	

ヨコのかぎ

1 親と子。

3 昔《むかし》のこと。○○↓げんざい↓未《み》来《らい》。

5 ねむくなって、ねむりかけの様子《ようす》。

7 先生が子どもに勉《べん》強《きょう》などを教える所《ところ》。

8 水でノドをあらう。「手をあらって、○○○する」

10 えん筆《ぴつ》で紙にすること。「字を○○」「絵を○○」

12 かみなりと雨がふっていること。風と雨なら「ふうう」。

14 石でできた橋《はし》。「○○○○をたたいてわたる」

クロスワード　6×6マス　③

名前

月　日

次《つぎ》の問題《もんだい》をといて、クロスワードを完成《かんせい》させましょう。

タテのかぎ

1　子どもの健康《けんこう》を願《ねが》って上《あ》げるもの。魚の形をしている。

2　お天気。晴れ・○○○・雨。「○○○空」

3　海と対《つい》になる言葉《ことば》。広い土のある場所《ばしょ》。

4　黒い鳥。家の近くでよく見る。「○○○の行水《ぎょうずい》」

6　命《いのち》があること。百まで○○○。

8　どの日も。「今日《きょう》も、明日《あす》も、○○○○続《つづ》ける」

10　生《い》き物《もの》。子どものときは、「おたまじゃくし」といわれる。「○○○の子は○○○」

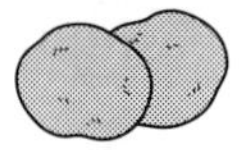
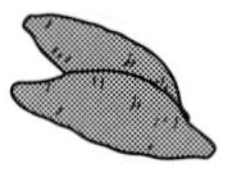

1	2		■	3	4
5		■	6		
7		8		■	
	■	9		10	■
	■		■	11	
■	12		■		■

ヨコのかぎ

1　学校の教科。言葉《ことば》や字を勉強《べんきょう》する。

3　学校の教科。自然《しぜん》の勉強や、実験《じっけん》もする。

5　サツマ○○。ジャガ○○。同じ言葉が入る。

6　サケのたまご。つぶつぶ。おすしに、のっている。

7　のりにごはんをのせて、いろんなものを入れてまいたもの。

9　海や川にすむ動物《どうぶつ》。クジラの仲間《なかま》。

11　「海老」とも書く。赤くて、カラがある。「○○でタイをつる」

12　顔にある。食べるときに使《つか》う。

クロスワード　6×6マス　④

名前

月　日

次《つぎ》の問題《もんだい》をといて、クロスワードを完成《かんせい》させましょう。

タテのかぎ

1　英語《えいご》で、マジックという。

2　四角のあめ。茶色が多い。ミルクをにて、固《かた》めたあめ。

3　体をささえる、かたいもの。体の中にある。

4　きれい。見事《みごと》。「あの花は、〇〇〇〇〇」

7　目にぬのをかぶせて見えなくする。スイカわりのときにする。

8　貝などが持《も》っている。かたいもの。

10　小さく丸いもの。

11　川から急《きゅう》に水が落《お》ちる所《ところ》。

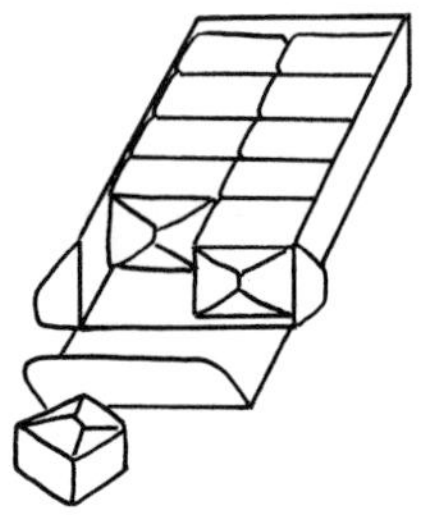

1		2		3	4
	■		■	5	
6	7		8	■	
■	9			■	
10			■	11	
12		■	13		■

ヨコのかぎ

1　天気を予想《よそう》して教えてくれる。

5　熱《あつ》いこと。体が熱くなる。「〇〇が出る」

6　つるつるしている。ざらざらしているところがない。

9　写真《しゃしん》をとるときに使《つか》う道具《どうぐ》。

10　「こわす」の反対《はんたい》になる言葉《ことば》。

11　魚。おめでたいときに食べる魚。

12　「さむらい」ともいう。

13　果物《くだもの》。秋になるとできる。赤やオレンジの色の実《み》がなる。

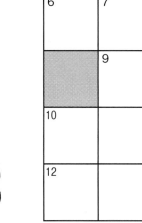

クロスワード　6×6マス　⑤

名前

月　日

次《つぎ》の問題《もんだい》をといて、クロスワードを完成《かんせい》させましょう。

タテのかぎ

1 植物《しょくぶつ》。実《み》は、じゅくすとタネをはじき飛《と》ばす。理科で育《そだ》てる。

2 上からつって下げる。

3 「たて」と「○○」。「○○はば」

4 きれいな羽をもつ鳥。羽を広げると、美《うつく》しい色と目玉のも様《よう》が見える。

7 開《あ》けたり、しめたりするのに使《つか》う。家のげん関《かん》にある。

11 お金を入れるふくろ。

13 木になる実。トゲトゲがたくさん。

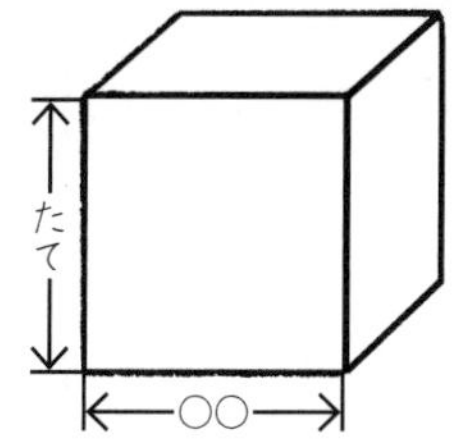

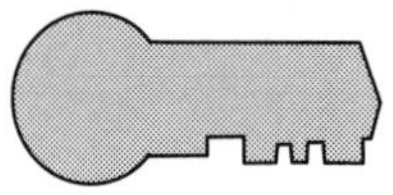

1	2		3	4	■
5		■	6		7
8		じ	■	10	
	■	■	11		■
12				■	13
■	■	■	14		

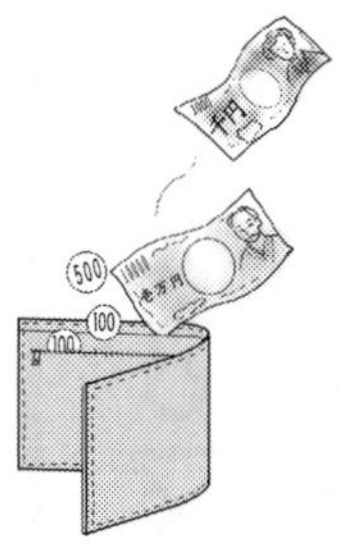

ヨコのかぎ

1 地球《ちきゅう》の北のはし。南のはしは、「南極《なんきょく》」

5 「買う」の反対《はんたい》になる言葉《ことば》。

6 子どもの鹿《しか》。

8 せ中のきん肉。「○○○をピンとのばす」

10 動物《どうぶつ》。「メェ」と鳴く。角がある。

11 あぶない所《ところ》へ行かないようにするもの。竹や木で作ったかこい。

12 頭がいいともいう。「あの子は、○○○○」

14 一人《ひとり》から、もう一人ふえると……。

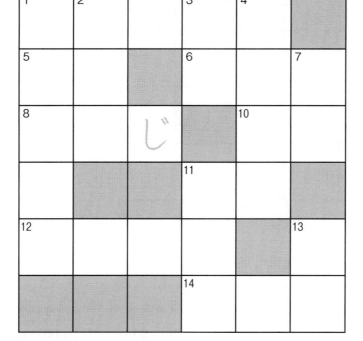

クロスワード　8×8マス　①

名前

月　日

❀ 次《つぎ》の問題《もんだい》をといて、クロスワードを完成《かんせい》させましょう。

タテのかぎ

1 イラストとセリフでできた本。

2 水が高い所《ところ》から流《なが》れ落《お》ちます。

3 病気《びょうき》にならないで体がじょうぶなこと。

4 この木の実《み》でトチモチを作ります。

5 家のたからもの。

6 三、四回のことを○○○といいます。

9 青と赤をまぜるとできる色です。

12 にっこり笑《わら》うこと、○○をうかべるといいます。

14 目にさす薬《くすり》。

15 ついついでる仕草《しぐさ》。

16 きねと○○でもちをつきます。

17 ピッチャーとキャッチャーがこれで合図します。

18 朝食によく食べられる。

19 すずしいところで作っている果物《くだもの》です。赤い色が多いです。

21 ひたいのこと。

1		2	3	■	4	5	6 (す)○
	■	7 ○					
8	9	■	○	■	10		
■		■	11	12		■	○
■	13	14	■	○	■	15	■
16			17 ○	■	18		19
	■	20		21 (で)○		■	
■	22 (う)○		ん		■	23	

マスの○の字をならべると、言葉《ことば》になります。

		は				う	で	す

ヨコのかぎ

1 ねだんの高いキノコ。日本では少なくなりました。

4 氷《こおり》を○○○と水になります。

7 ヒョウゴ、キョウト、オオサカ、シガ、ナラ、ミエ、ワカヤマをまとめていいます。

8 かむおかしです。

10 米作りをする家です。

11 庭《にわ》に植《う》えた木のことです。

13 ホホジロ○○、ノコギリ○○など、種類《しゅるい》が多い魚です。

16 水にういている草です。

18 料理《りょうり》にそえるセリの仲間《なかま》です。

20 田んぼのことです。水田と書きます。

22 イノシシの子どものこと。毛のも様《よう》がウリににています。うりぼうともいいます。

23 トンボのよう虫で水中にいます。

クロスワード　8×8マス　②

名前　　　　月　　日

✿ 次《つぎ》の問題《もんだい》をといて、クロスワードを完成《かんせい》させましょう。

タテのかぎ

1 走ること。

2 食べるとキケンです。

3 ガソリンのもと。

4 これをすって生きています。

5 服《ふく》やズボンをあらう機械《きかい》。

10 秋に、人形を作ったりする花の名です。

12 大切なエネルギーの一つです。

14 秋にとれる、ねだんの高いきのこです。

16 水族館《すいぞくかん》の人気者《にんきもの》です。

17 みんなでワァーとおどろくことです。「○よ○○が起《お》こる」といいます。

19 平《へい》きん台で上手《じょうず》に○○○○をとって歩きます。

22 三角形をした魚です。

24 ベルのことです。よび○○。

25 細かくくだいた物《もの》。フンマツともいいます。

1		2	3		■	4	5
	■	6 ○く		■	7		
8	○	■	9	10 ○	■	11	○た
	■	12 ○	■	13	14 ○	■	
15	16		17	■	18	19	
■	20		○よ	■	21		■
22		■	23	24			25
	■	26			■	27	

マスの○の字をならべると、言葉《ことば》になります。

よ	く					た

ヨコのかぎ

1 小学生がせ負《お》うカバン。

4 だれでも七つはあるといわれます。

6 草花に、根《ね》・○・葉《は》があります。

7 「まち」のことを英語《えいご》で言うと。

8 東の反対《はんたい》の方角です。

9 冬に空からふってきます。

11 方角の一つです。

13 大きな動物《どうぶつ》です。「シロ○○」。

15 野球《やきゅう》やサッカーをするところです。

18 冬にさく赤い花です。

20 十五夜は特《とく》に明るいです。

21 北海道《ほっかいどう》でとれる魚の名前、たまごはタラコ。

22 地球《ちきゅう》にやさしいこと。「○○活動《かつどう》」。

23 小麦のこなです。

26 テーブルや食器《しょっき》をふくもの。

27 運動場《うんどうじょう》や公園にあります。石より小さいつぶ。

☆☆

クロスワード　8×8マス　③

名前

月　日

次《つぎ》の問題《もんだい》をといて、クロスワードを完成《かんせい》させましょう。

タテのかぎ

1　折《お》り紙などで作って飛《と》ばします。

2　病気《びょうき》のこと。

3　これでいろいろな物《もの》をくくります。

4　まなこともいいます。

5　まき○○、いなり○○、などがあります。

6　日本で作られている果物《くだもの》。オレンジの仲間《なかま》。

10　水平《すいへい》なこと。

12　国の主人公《しゅじんこう》です。

14　海で見る。まき○○、二まい○○などの種類《しゅるい》があります。

15　日本に来ること。

17　一月七日に食べます。○○○○がゆ。

19　橋《はし》についている手すりのこと。

20　東西南北のこと。

21　お金をあずけると、これがついて、ふえます。

1		2	3	4	■	5	6
	■	7		○の	■	8 ○	
9	10 ○た		■	11	12	■	
13		■	14		○く	15	■
16		17	○	■	18	○	19
	■		■	20			
■	21				■	22	
■	23		■	24	○ず	■	ん

マスの○の字をならべると、言葉《ことば》になります。

た				く		ず

ヨコのかぎ

1　竹の中から生まれた女の子。

5　木をむし焼《や》きにして作ったねん料《りょう》。

7　「悪《あく》ま」のこと。

8　角がある動物で、○○せんべいもあります。

9　「でこ」ともいいます。

11　お正月に○○上げをして遊《あそ》びます。

13　「○○のたきのぼり」といいます。

14　雪国で雪で作ったほらあなです。

16　未来《みらい》の運《うん》を予想《よそう》します。

18　「○○○取りが○○○になる」といいます。

20　まちがいなくその人のことです。

21　海風に対《たい》して陸《りく》からふく風。

22　地面《じめん》の下。

23　それとなく教えること。

24　静岡県東部《しずおかけんとうぶ》の半島《はんとう》。

中学年　答え

【P．3】
◎いろいろな言葉　①
❀①一学期　登山　アメリカ
②拾う　感じる　遊ぶ
③かわいい　黄色い　かたい
④ゆっくり　ピカピカ　ゆらゆら

【P．4】
◎いろいろな言葉　②
❀①遊ぶ　②寒い　③自転車
④飛ぶ　⑤花火　⑥ばったり

【P．5】
◎いろいろな言葉　③
❀①時計　②つらら　③いたい
④リンゴ　⑤ハチマキ　⑥まねきねこ

【P．6】
◎いろいろな言葉　④
❀①お母さん　②寒い　③ところで
④こちら　⑤勉強する

【P．7】
◎いろいろな意味を持つ言葉　①
1　①㋔　②㋓　③㋐
④㋕　⑤㋑　⑥㋒
2　①㋐　②㋒　③㋑　④㋓

【P．8】
◎いろいろな意味を持つ言葉　②
❀①とる　②切る　③たつ
④上がる　⑤進む　⑥かえる

【P．9】
◎いろいろな意味を持つ言葉　③
1　(1)　①みゃく　②場所　③写真
④ぼうし　⑤ゴミ
(2)　①点数　②名札　③電気
④実　⑤日記
2　(1)　①付く　②着く
③着く　④付く
(2)　①空ける　②明ける
③開ける　④空ける

【P．10】
◎こそあど言葉
❀①㋒　②㋐　③㋑
④㋑　⑤㋐　⑥㋒

【P．11】
◎つなぎ言葉
❀
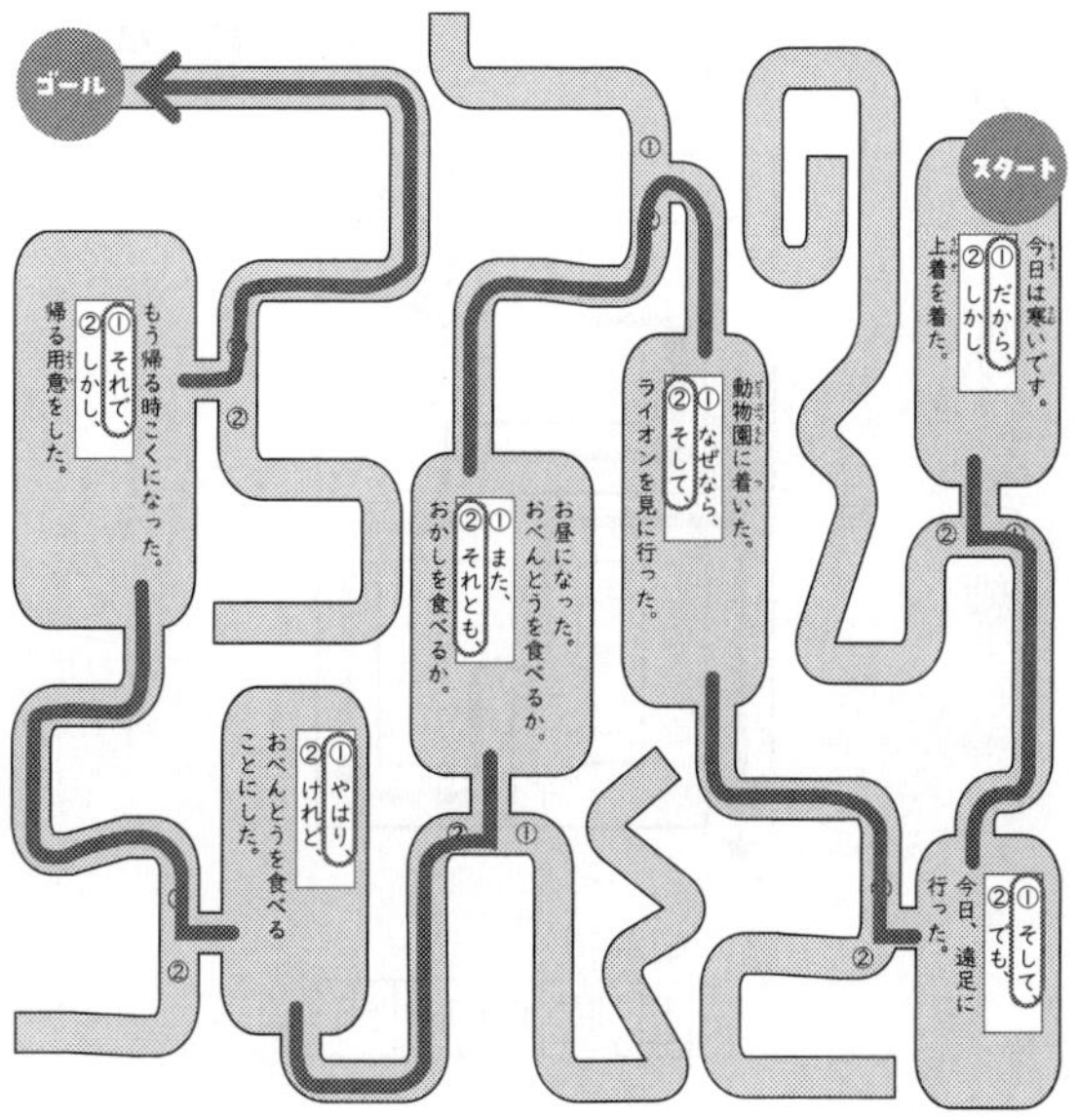

スタート
今日は寒いです。①だから、②しかし、上着を着た。
動物園に着いた。①なぜなら、②そして、ライオンを見に行った。
お昼になった。おべんとうを食べるか。①また、②それとも、おかしを食べるか。
もう帰る時こくになった。①それで、②しかし、帰る用意をした。
今日、遠足に①そして、②でも、行った。
①やはり、②けれど、おべんとうを食べることにした。
ゴール

【P．12】
◎反対の意味の言葉　①
1　(1)　(2)
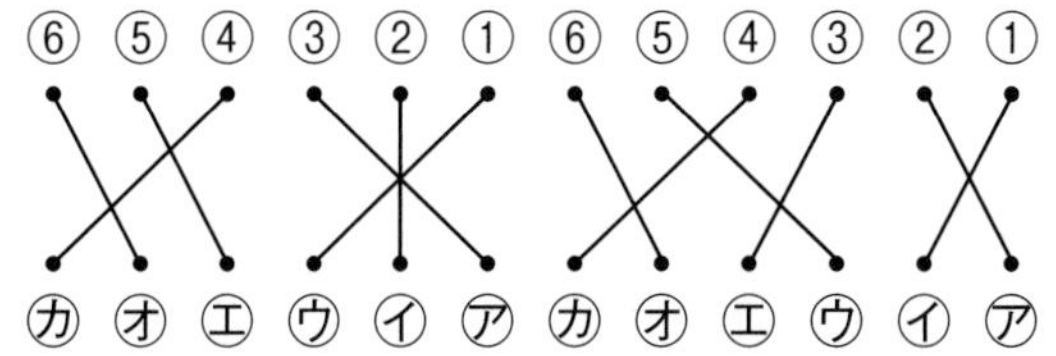

①②③④⑤⑥
㋐㋑㋒㋓㋔㋕
①②③④⑤⑥
㋐㋑㋒㋓㋔㋕

2　①上　下　②冷たい　温かい
③多い　少ない　④勝ち　負け
⑤高い　低い

【P．13】
◎反対の意味の言葉　②
❀①動く　②暑い
③暗い　④始まる
⑤短い　⑥軽い
⑦低い　⑧死ぬ

【P．14】
◎勉強4マス　①

1

	3	4
1	い	ね
2	え	こ

2

	3	4
1	あ	き
2	し	み

3

	3	4
1	う	り
2	ま	く

4

	3	4
1	え	さ
2	き	く

【P．15】
◎勉強4マス　②

1

	3	4
1	あ	さ
2	ゆ	か

2

	3	4
1	い	し
2	す	し

3

	3	4
1→	ゆ	め
2→	き	ん

4

	3	4
1→	は	こ
2→	し	ま

【P.16】
◎辞書で遊ぼう ①
（解答例）
❀ (1) ① まくら → らっぱ → ぱせり → りんご
② つくし → しっぽ → ぽてと → とんぼ
③ いちご → こまつな → なし → しいたけ
④ いるか → かわうそ → ぞう → うさぎ
(2) ① かたつむり → りんご → ごぼう
② ますかっと → どうくつ → つばき
③ かめむし → しまりす → ずつう

【P.17】
◎辞書で遊ぼう ②
（解答例）
❀ ① にぎりこぶし（かたくにぎった手のこと。げんこつ。）
② 元たん（元日の朝。一月一日の朝。）
元日（一年の最初の日。一月一日。）
③ パズル（考えて問題をとく遊び。なぞなぞ。）
クイズ（問題を出して、相手に答えさせる遊び。なぞなぞ。）
④ けい察官（けい察の仕事をする人のこと。）
おまわりさん（けい察官を親しんでよぶ言葉。）
⑤ ぼうさん（ほとけに仕える人。そうりょ。）
そうりょ（ぼうさんのこと。）
⑥ ラーメン（中かそばを使っためん料理。）
中かそば（中国風のめん料理。ラーメン。）

【P.18】
◎あるなしクイズ ①
❀ ① 言葉の最後に「み」が入っている。
② 「1、2、3、4、5」の数字が入っている。
③ 言葉の最初に「バ、ビ、ブ、ベ、ボ」が入っている。
④ 白い色の物。
⑤ 切る道具。
⑥ くっつける物。

【P.19】
◎あるなしクイズ ②
❀ ① 角がある。
② 「ももたろう」のお話に出てくる。
③ 言葉の最初に「パ、ピ、プ、ペ、ポ」が入っている。
④ 体の部分がかくれている。
⑤ 星座。
⑥ まいて使うもの。

【P.20】
◎なぞなぞ ①
❀ ① かげ　② しりとり
③ みえん（三円）　④ カステラ
⑤ テントウムシ　⑥ コーラ
⑦ くすり　⑧ カラス
⑨ じかん（時間）　⑩ たけ（竹）

【P.21】
◎なぞなぞ ②
❀ ① カラばこ　② イカ
③ あやとり　④ うぐいす
⑤ めがね　⑥ シャベル
⑦ ガタガタ　⑧ せきとり
⑨ かきとり　⑩ ピーターパン

【P.22】
◎漢字の成り立ち
1
ア—え 取
イ—う 庫
ウ—お 習
エ—あ 島
オ—い 畑

2
① 駅 館 味 暗

② 荷 庭 箱 想
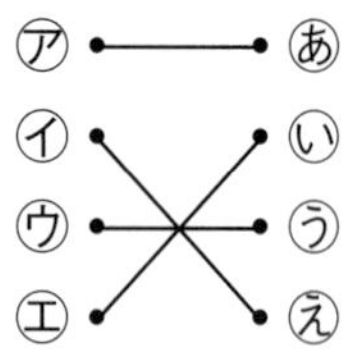

【P.23】
◎部首
1
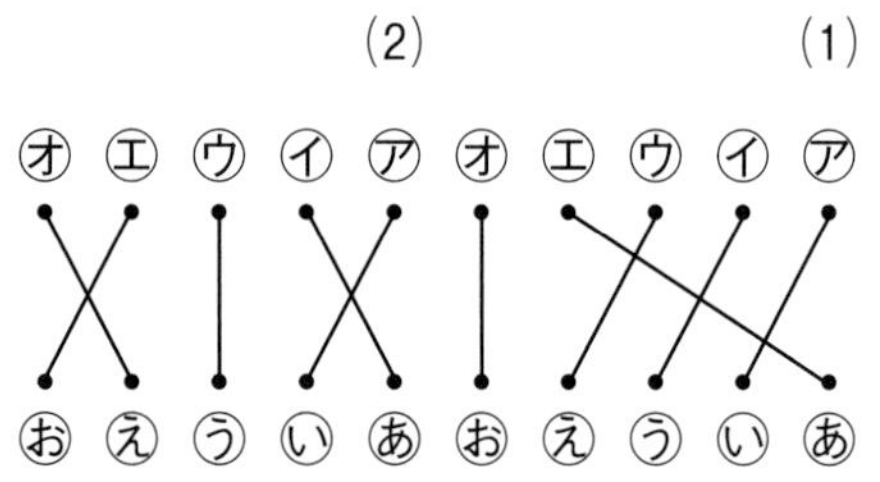

2
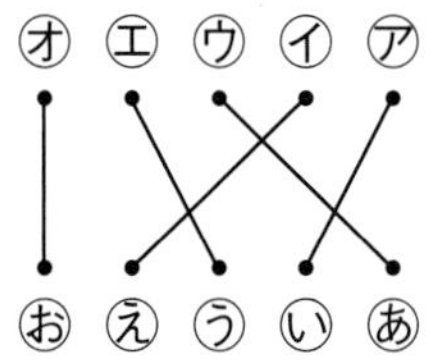
泳 物 雪 駅 明

【P.24】
◎部首 ②
1
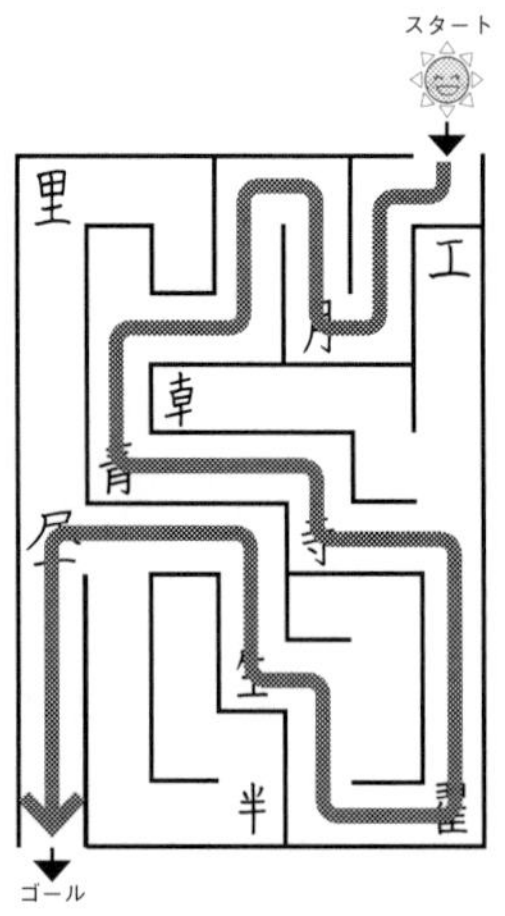

できた漢字は……
昼 星 曜 時 晴 明

2
① 汽 海
② 絵 細

【P．25】
◎部首　③

1
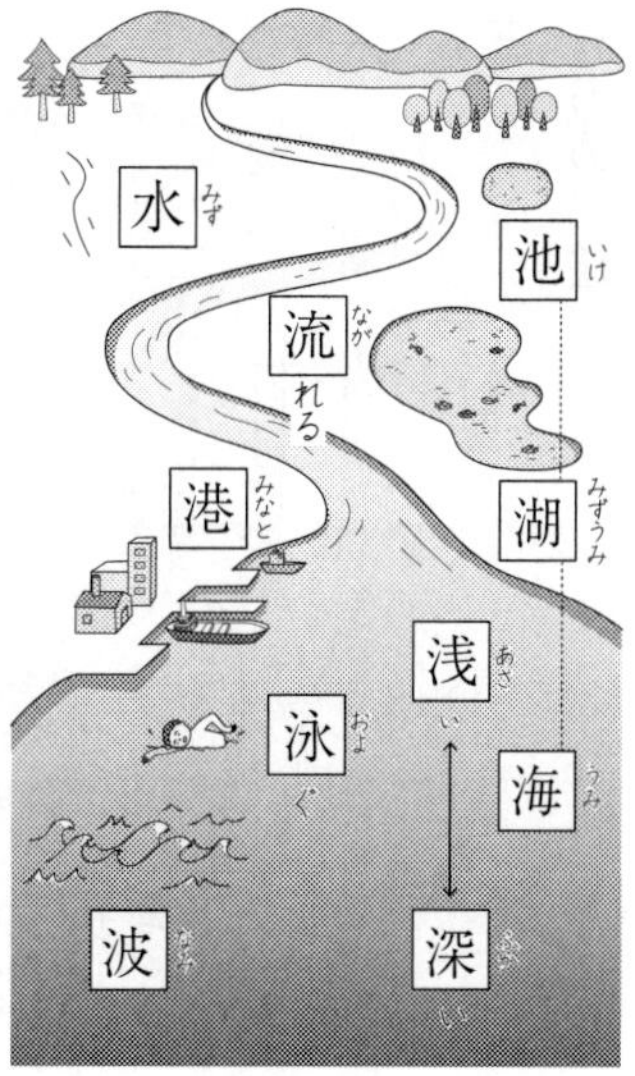

2
① **温**かいお**湯**をコップに**注**ぐ。
② **湖**の**漢**字を**消**す。
③ **汽**船では、南**氷洋**まで行けない。

【P．26】
◎部首　④
1
① 晴　② 明　③ 暗　④ 星
⑤ 時　⑥ 早　⑦ 朝　⑧ 昼
2
① 暑　早
② 春　昔
③ 曜　昭

【P．27】
◎部首　⑤
1
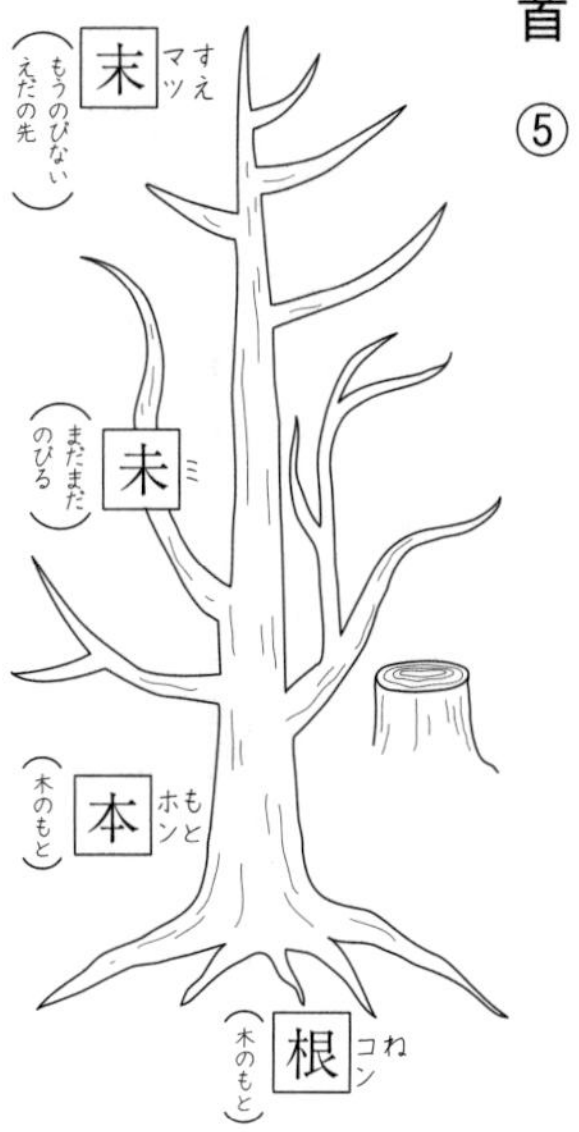

2
① 林　② 板　③ 森
④ 柱　⑤ 植　⑥ 橋

【P．28】
◎部首　⑥
1
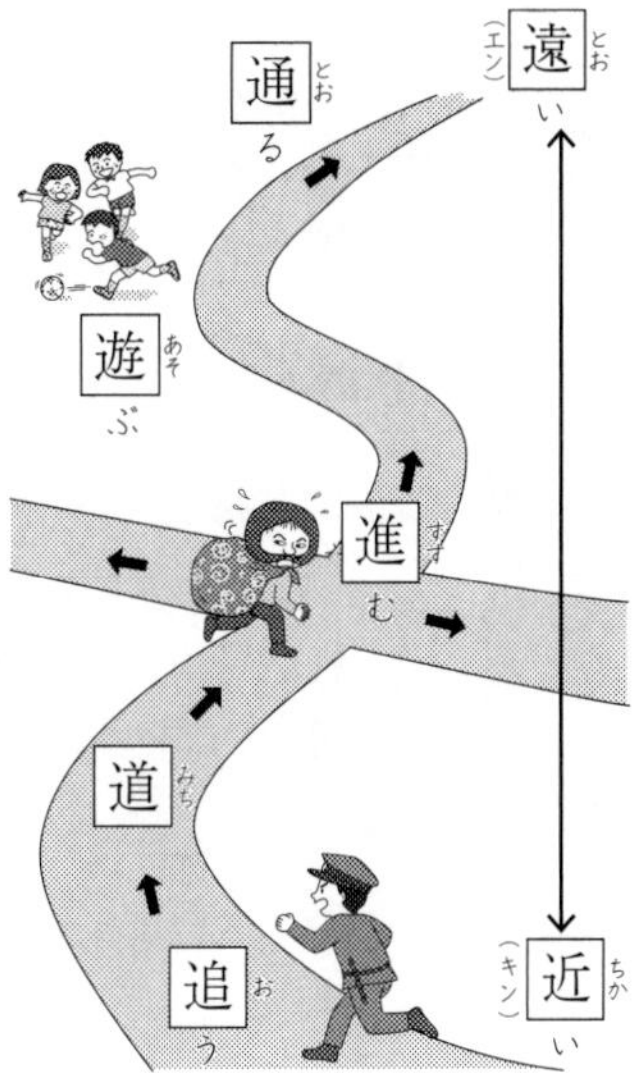

2
① 周（毎**週**、トラックを三**周**する。）
② 袁（**遠**足で動物**園**のサルを見た。）
③ 反（**板**が**反**対に反ったから、うら**返**す。）
④ 軍（**軍**隊の荷物を**運**ぶ。）
⑤ 束（早**速**、約**束**を守る。）

【P．29】
◎送りがな　①
1
① （のぼ）る　（あ）がる
② （あか）るい　（あき）らか　（あ）ける
③ （くる）しい　（にが）い
④ （かる）い　（かろ）やか
⑤ （おそ）わる　（おし）える
⑥ （お）りる　（くだ）る
2
① い（れる）　はい（る）
② い（きる）　う（まれる）
③ た（べる）　く（う）
④ つ（く）　き（る）
⑤ ほそ（い）　こま（かい）
⑥ すこ（し）　すく（ない）
⑦ お（きる）　お（こす）
⑧ まじ（わる）　ま（じる）

【P．30】
◎送りがな　②
1
① う　② す　③ しい　④ まる／める
2

【P．31】
◎音訓かるた作り　①
✿
① 遠　② 横　③ 開
④ 宿　⑤ 始　⑥ 習
⑦ 消　⑧ 勝　⑨ 祭
⑩ 世　⑪ 相　⑫ 旅

【P．32】
◎音訓かるた作り　②
✿
① 必　② 重　③ 整
④ 球　⑤ 初　⑥ 勇
⑦ 望　⑧ 変　⑨ 養
⑩ 付　⑪ 敗　⑫ 静

【P．33】
◎同じ読みをする漢字　①
1
(1) ① 文**化**　② **歌**手
③ 理**科**　④ 出**荷**
(2) ① **様**子　② 太**陽**
③ 西**洋**　④ 落**葉**
⑤ **曜**日
2
① 記者　汽車
② 火事　家事
③ 回転　開店
④ 指名　使命

【P．34】
◎同じ読みをする漢字　②
✿
① ㋐ 計　㋑ 量
② ㋐ 機会　㋑ 器械　㋒ 機械

③ ア 明　イ 空　ウ 開
④ ア 変　イ 帰　ウ 返

【P. 35】
◎漢字でダジャレ ①
① **意地**でも**医師**になる。
② **海外**で大会が、**開会**。
③ **外車**を売る**会社**。
④ 仮**面**のヒーローの登場**画面**。
⑤ **漢詩**は、**漢字**だけで書かれている。
⑥ **金**メダルと、**銀**メダル。
⑦ **市街**で、**歯科**医院を開く。
⑧ **海岸**通りに、**会館**が建っている。

【P. 36】
◎漢字でダジャレ ②
① **水道**水を**水**とうに入れる。
② **船員**は**全員**集合。
③ 品物は**千**個**前後**はある。
④ **船体**の**全体**が、見えた。
⑤ 観光**大使**の**大事**な指名。
⑥ **男女**で**短所**を言い合わないように。
⑦ **天気**が良いので、**電気**を消す。
⑧ さくらの**開花**を、**絵画**で表した。

【P. 37】
◎漢字でダジャレ ③
① **新人**は**心身**ともにつかれる。
② テストの**当日**、友達と**同室**になった。
③ **二階**に**苦**い薬がある。
④ **話**をしていて**鼻血**が出た。
⑤ 金を**発見**したと**発言**した。
⑥ おふろの**番台**に乗ることに、**反対**した。
⑦ **表紙**にテーマを、**表示**する。

【P. 38】
◎読み方めい路 ①
① 速　② 会　③ 開　④ 意外　⑤ 差
⑥ 計　⑦ 暑　⑧ 冷　⑨ 新調　⑩ 代

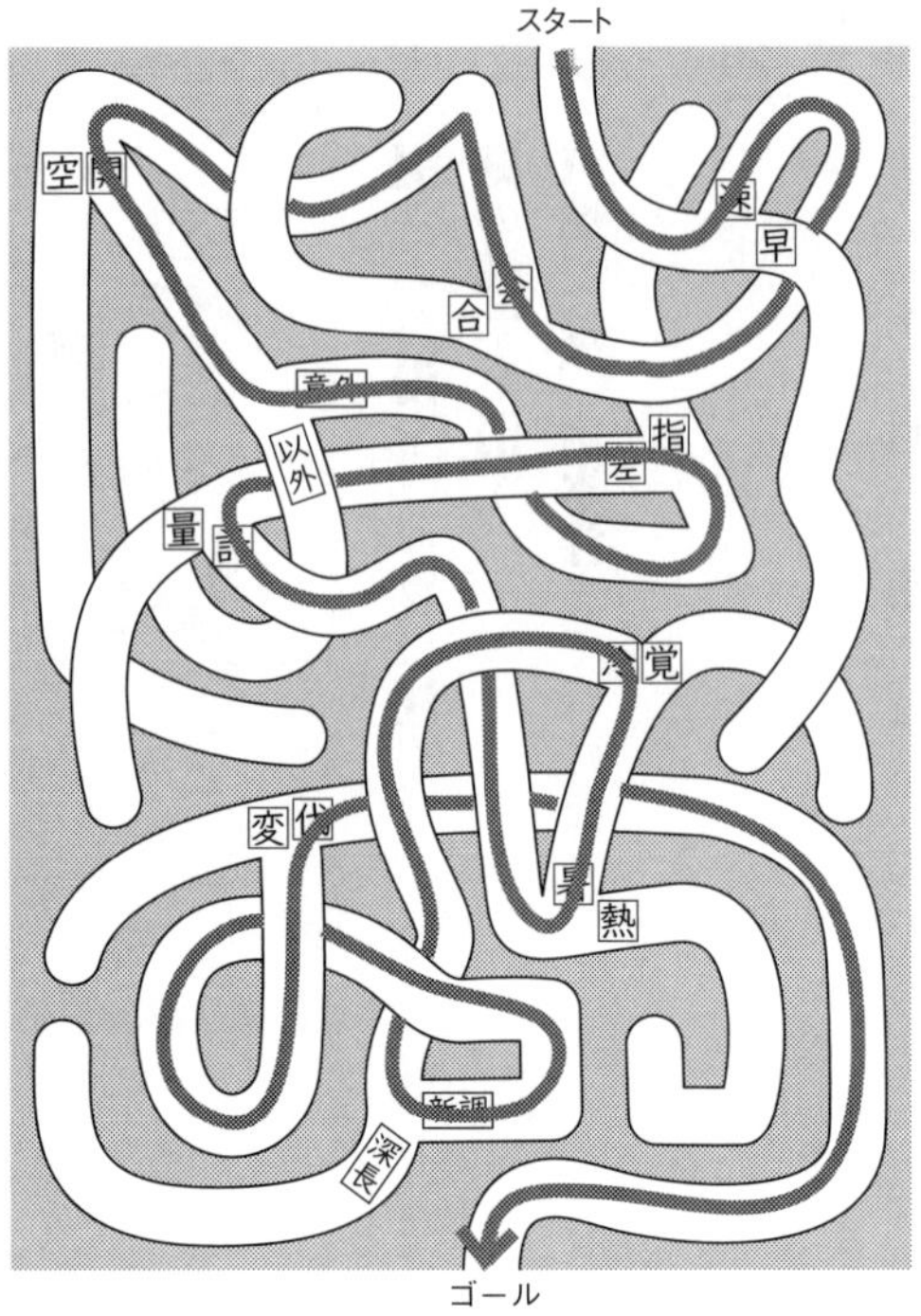

【P. 39】
◎読み方めい路 ②
① 早　② 計　③ 明　④ 建　⑤ 明
⑥ 初　⑦ 開　⑧ 指　⑨ 変　⑩ 着

【P. 40】
◎二字・三字熟語
1 未…開発、公開、知数、消化
不…自然、公平、満足、定期
無…差別、関心、意味、気力
2 ① 短　② 生　③ 事
④ 成　⑤ 梅　⑥ 飛

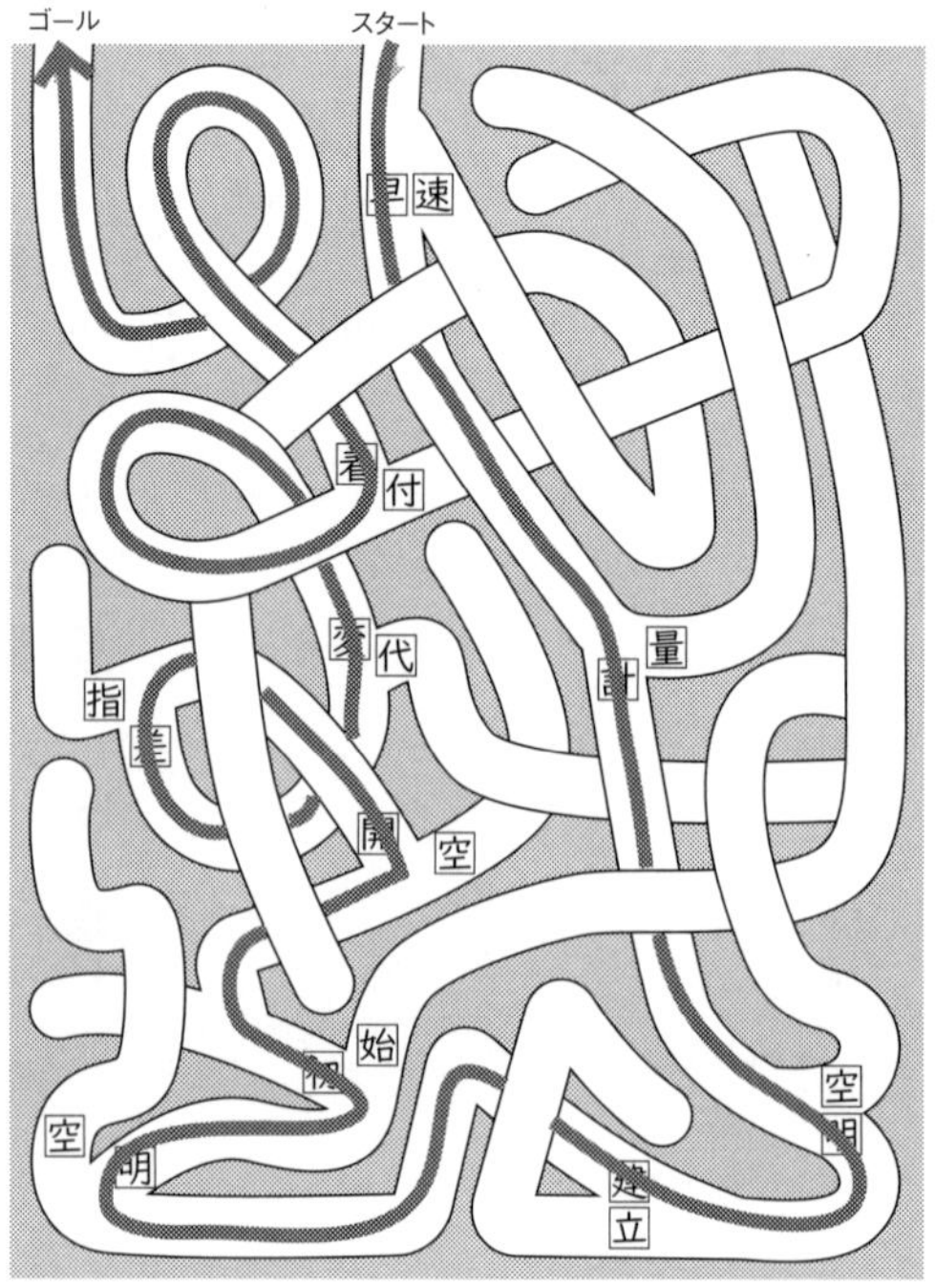

【P. 41】
◎四字熟語 ①
1 ① 八　② 三　③ 七　④ 十
2

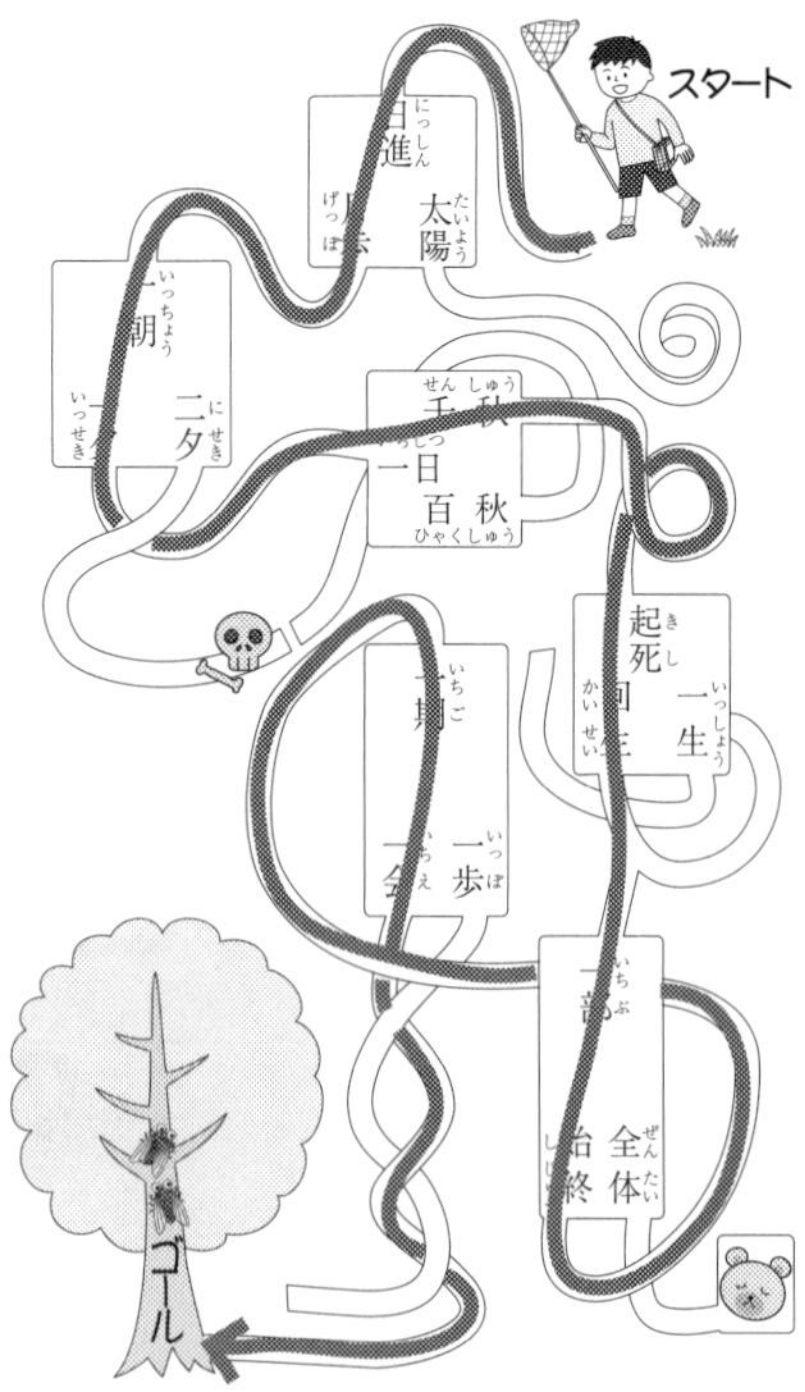

【P. 42】
◎四字熟語 ②
1 ① 一　② 石　③ 二　④ 鳥
⑤ 弱　⑥ 肉　⑦ 強　⑧ 食
2 ① 意　② 気　③ 投　④ 合
⑤ 古　⑥ 今　⑦ 東　⑧ 西

【P. 43】
◎四字熟語 ③
1 (1) ① 電　② 光　③ 石　④ 火
(2) ① 悪　② 事　③ 千　④ 里
2 (1)
① ② ③ ④

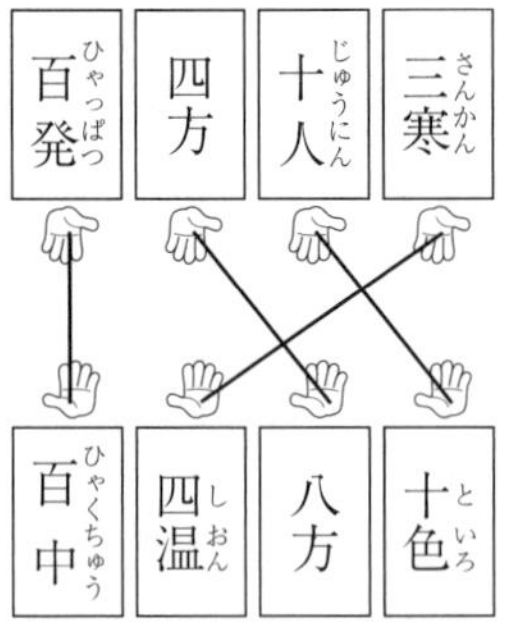

(2)
① 品行《ひんこう》―方正《ほうせい》
② 弱肉《じゃくにく》―強食《きょうしょく》
③ 日進《にっしん》―月歩《げっぽ》
④ 一日《いちじつ》―千秋《せんしゅう》

【P.44】
◎四字熟語 ④

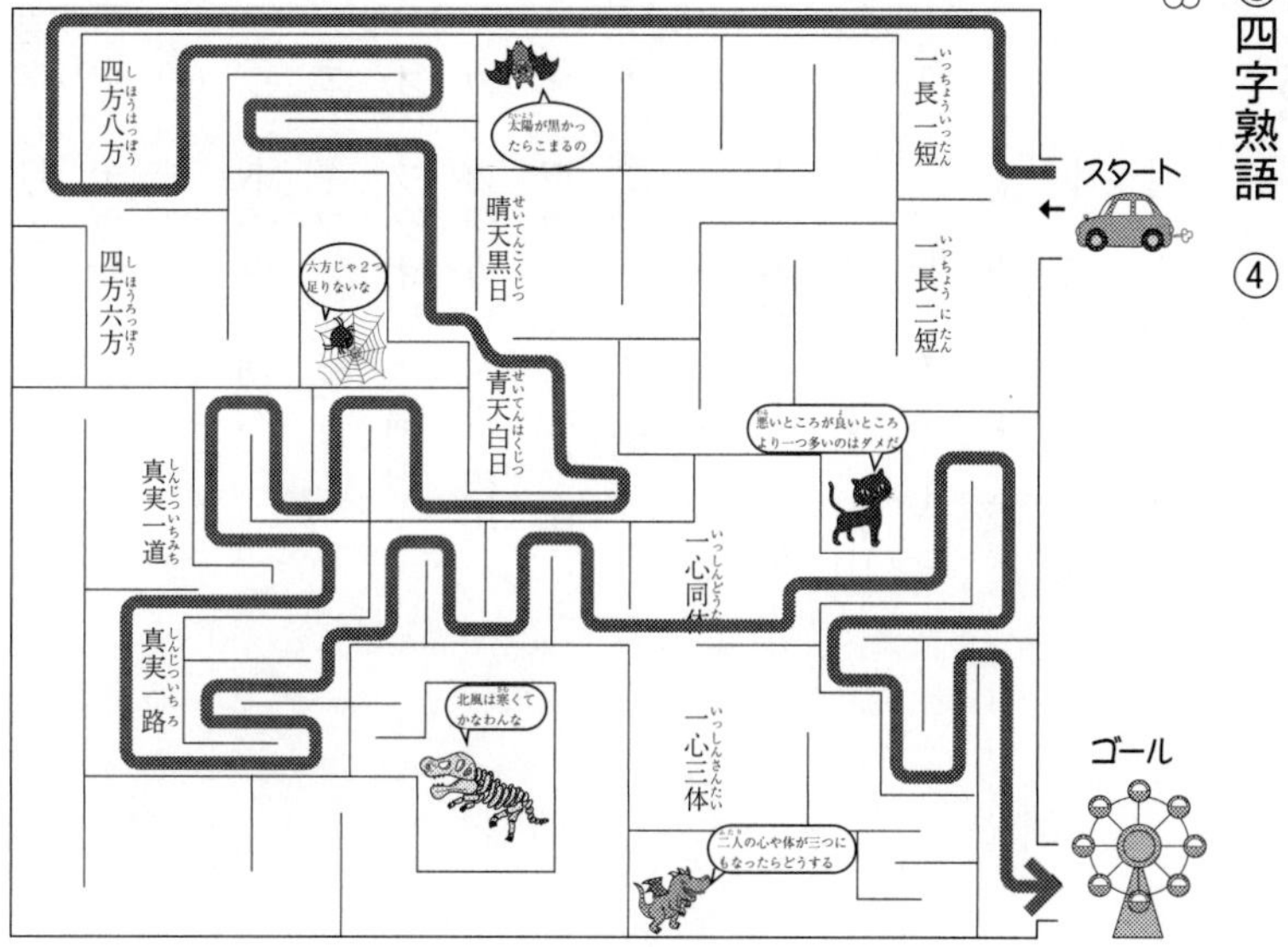
スタート
ゴール
一長一短《いっちょういったん》
一長二短《いっちょうにたん》
晴天黒日《せいてんこくじつ》
青天白日《せいてんはくじつ》
四方八方《しほうはっぽう》
四方六方《しほうろっぽう》
真実一道《しんじついちみち》
真実一路《しんじついちろ》
一心同体
一心三体《いっしんさんたい》
太陽が黒かったらこまるの
六方じゃ2つ足りないな
悪いところが良いところより一つ多いのはダメだ
北風は寒くてかなわんな
二人の心や体が三つにもなったらどうする

【P.45】
◎特別な読みをする漢字

1
(1) ①―㋓ ②―㋑ ③―㋒ ④―㋐
(2) ①―㋒ ②―㋓ ③―㋐ ④―㋑

2
① ㋐ きょう ㋑ あす ㋒ ふたり
② ㋐ くだもの ㋑ てつだ
③ ㋐ へや
④ ㋐ けしき ㋑ めがね
⑤ ㋐ さんま

【P.46】
◎特別な読みをする漢字 ②

1
① 真っ赤 ② 小豆 ③ 真っ青 ④ 百足
⑤ 今年 ⑥ 流石 ⑦ 七夕 ⑧ 黒子
⑨ 清水 ⑩ 土産

2
① へた ② ねえ ③ かあ
④ じょうず ⑤ ついたち ⑥ はかせ

【P.47】
◎漢字で遊ぼう ①

1
(1) ① 終―㋓ 始 ② 軽―㋐ 重 ③ 明―㋑ 暗 ④ 寒―㋒ 暑
(2) ① 長―㋐ 短 ② 勝―㋒ 負 ③ 問―㋑ 答 ④ 苦―㋓ 楽

2
(1) ① 球根《きゅうこん》 ② 根元《ねもと》 ③ 元気《げんき》 ④ 気球《ききゅう》
(2) ① 集合《しゅうごう》 ② 合宿《がっしゅく》 ③ 宿屋《やどや》 ④ 屋上《おくじょう》

【P.48】
◎漢字で遊ぼう ②

1
① 死 ② 着 ③ 実 ④ 昔
⑤ 末 ⑥ 和 ⑦ 内 ⑧ 子

2
① 浅 ② 低 ③ 短 ④ 敗
⑤ 晴 ⑥ 軽 ⑦ 売 ⑧ 有

【P.49】
◎漢字で遊ぼう ③

1
① 飯 ② 加 ③ 放 ④ 軽

2

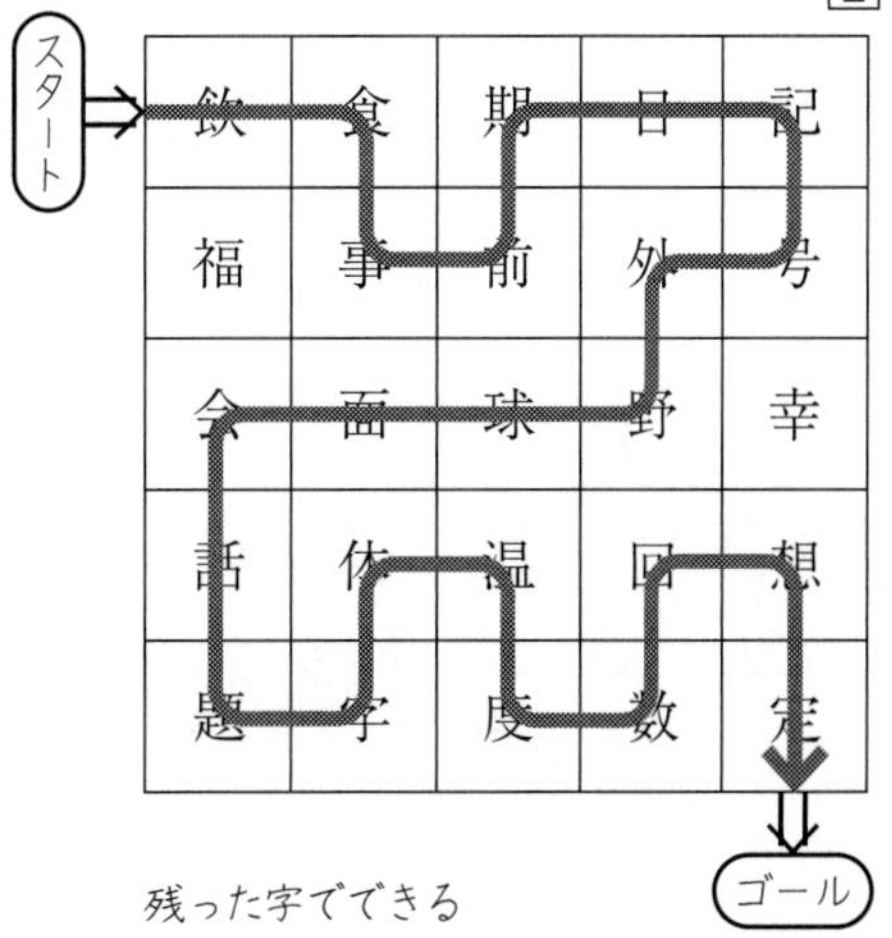
スタート
飲 食 期 日 記
福 事 前 外 号
会 面 球 野 幸
話 体 温 回 想
題 字 度 数 定
ゴール

残った字でできる熟語

幸福

【P.50】
◎漢字で遊ぼう ④

1
① 民 ② 初 ③ 冷 ④ 良 ⑤ 労

2
(1) ①―㋐ ②―㋓ ③―㋑ ④―㋒
(2) ①―㋑ ②―㋒ ③―㋓ ④―㋐ ⑤―㋔

【P.51】
◎漢字で遊ぼう ⑤

1
① 変 ② 別 ③ 熱 ④ 付 ⑤ 産

2
貨、鏡、群、景、億

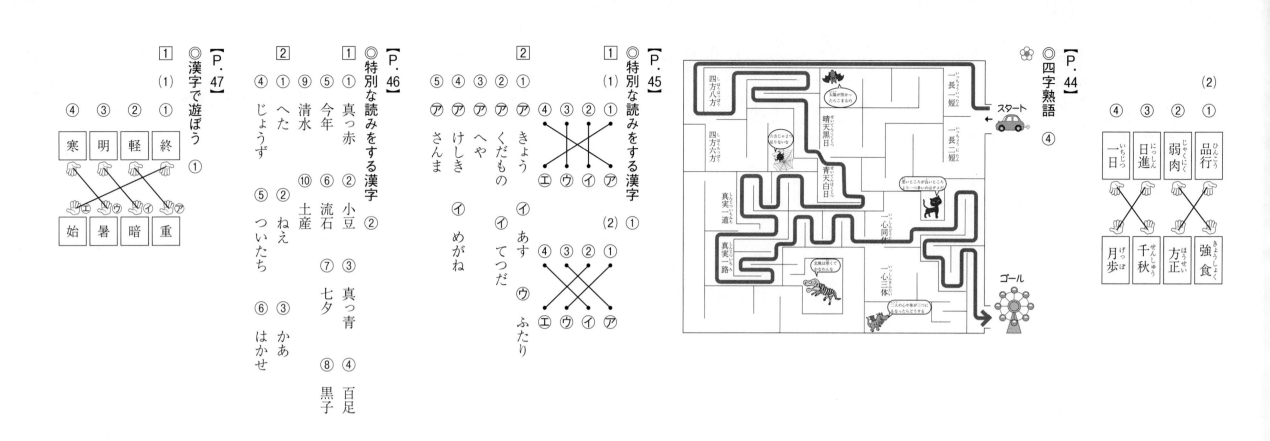

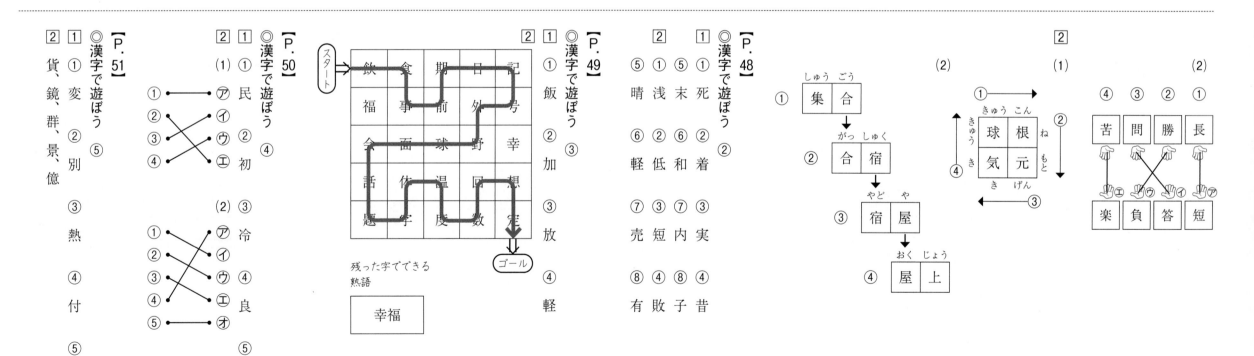

【P.52】

◎漢字しりとり・クロスワード ①

1 ① 午(前)→前歯→歯科→科(学)
② (毛)筆→筆箱→箱庭→(庭)園
③ 植(物)→物音→音(感)→感想

2

①農	②作	物	■	③大
④家	業	■	⑤球	根
■	⑥場	⑦内	■	役
⑧公	■	⑨科	学	者
⑩開	業	医	■	■

【P.53】

◎漢字しりとり・クロスワード ②

1 ① 流(行)→行楽→楽(勝)→勝手口
② 飲(酒)→酒屋→屋(上)→上着
③ 農(薬)→薬指→指定→(定)員

2

①体	重	②計	■	③教
感	■	④算	⑤数	科
⑥温	和	■	⑦字	書
度	■	⑧発	■	■
■	⑨放	送	委	員

【P.54】

◎漢字しりとり

1 ㋐ ナガサキ/長崎
㋑ キョウト/京都
㋒ トチギ/栃木
㋓ ギフ/岐阜
㋔ フクオカ/福岡
㋕ カナガワ/神奈川
㋖ ワカヤマ/和歌山

2 ① (汽船)→船室
→室内→内海
→海草→草花
→花火→火山
② (汽船)→先生
→成功→校区
→苦労→老後
→午前→全部

【P.55】

◎パズル ①

(1) ① トド ② イルカ ③ クジラ
④ ジュゴン ⑤ シロクマ ⑥ オットセイ
⑦ セイウチ ⑧ アザラシ ⑨ アシカ
⑩ マナティ ⑪ ラッコ

【P.56】

◎パズル ②

(1) ① ねずみ ② うし ③ とら
④ うさぎ ⑤ たつ ⑥ へび
⑦ うま ⑧ ひつじ ⑨ さる
⑩ にわとり ⑪ いぬ ⑫ いのしし

(2) ゴリラ

ア	シ	カ	シ	ロ	ク	マ
サ	チ	コ	ユ	イ	ジ	ナ
ラ	ウ	リ	コ	ル	ラ	テ
シ	イ	ト	ン	カ	ツ	イ
イ	セ	ト	ツ	オ	コ	ラ

(2) きりん

に	わ	と	り	き	へ	ひ
た	つ	ら	ね	す	み	つ
う	さ	き	い	の	し	し
し	る	り	ぬ	う	ま	ん

【P.57】

◎道案内をする ①

1
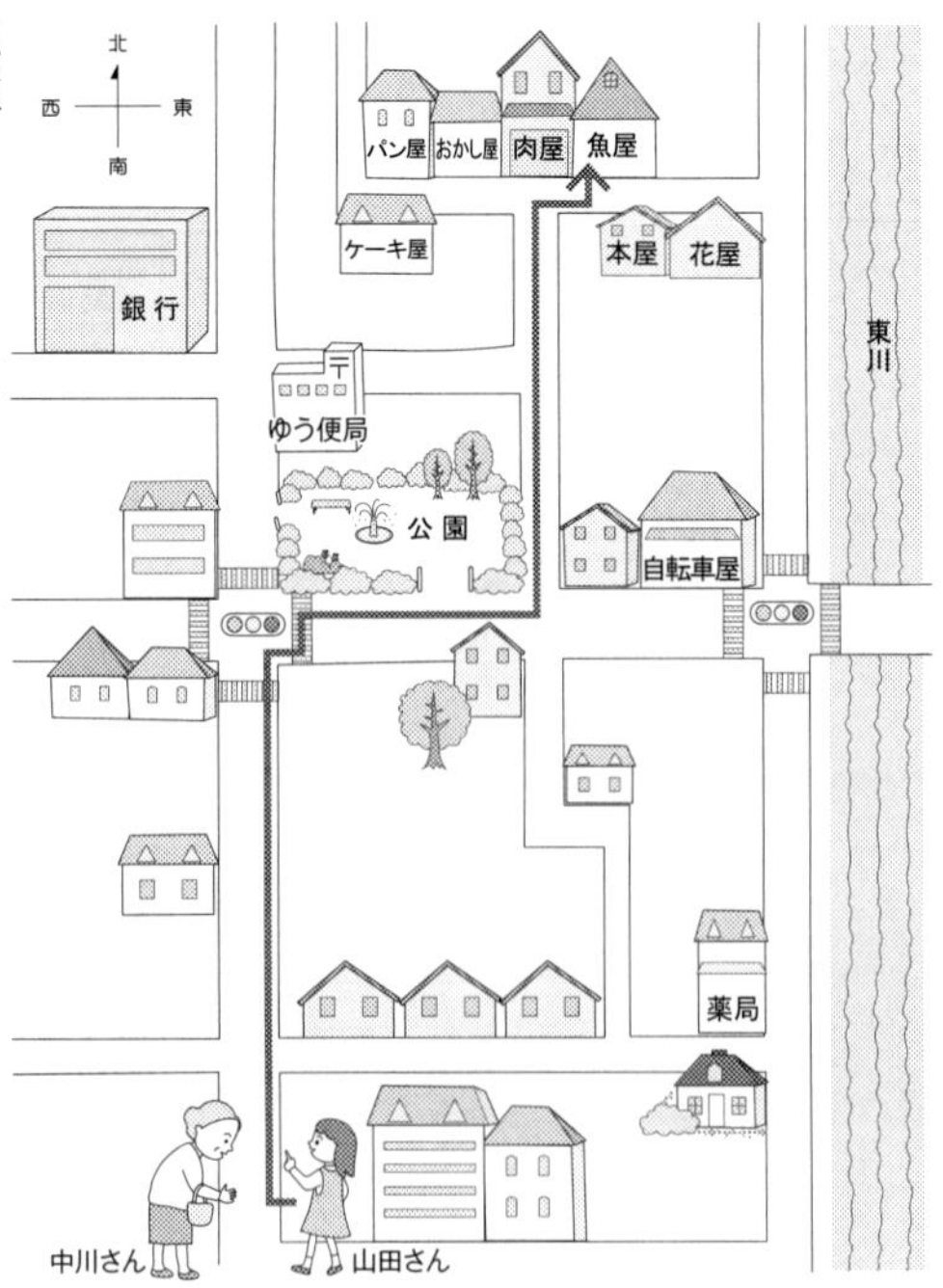

北
西
東
南
パン屋
おかし屋
肉屋
魚屋
ケーキ屋
本屋
花屋
銀行
ゆう便局
公園
自転車屋
東川
薬局
中川さん
山田さん

2 魚屋

3 北

【P.58】

◎道案内をする ②

✿ ① 東 花屋
② 右 交差点

③ 薬局

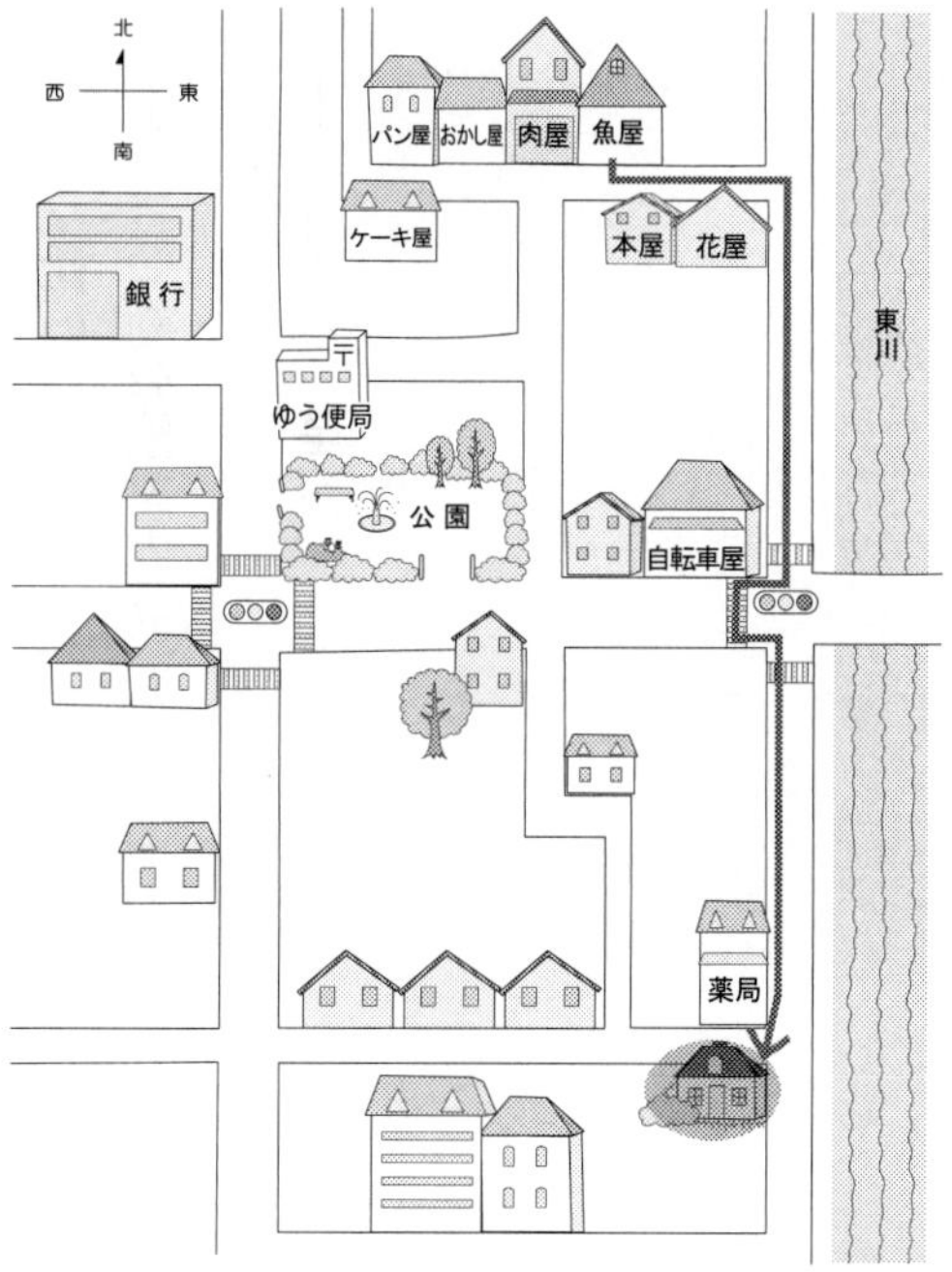

【P.59】

◎慣用句 ①

❀ (1) (2)

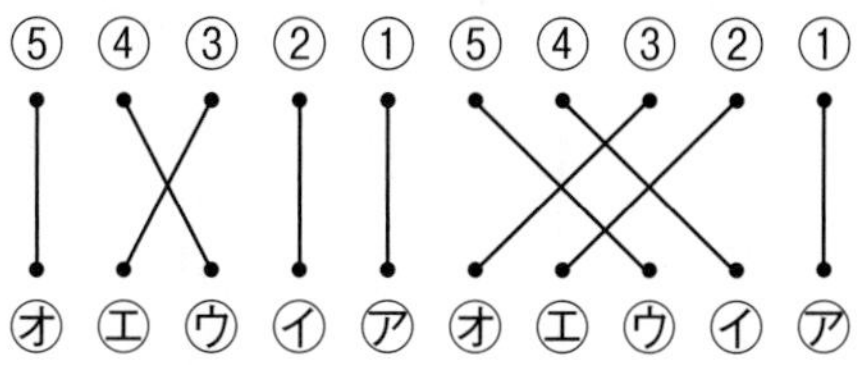

【P.60】

◎慣用句 ②

❀ (1) (2)

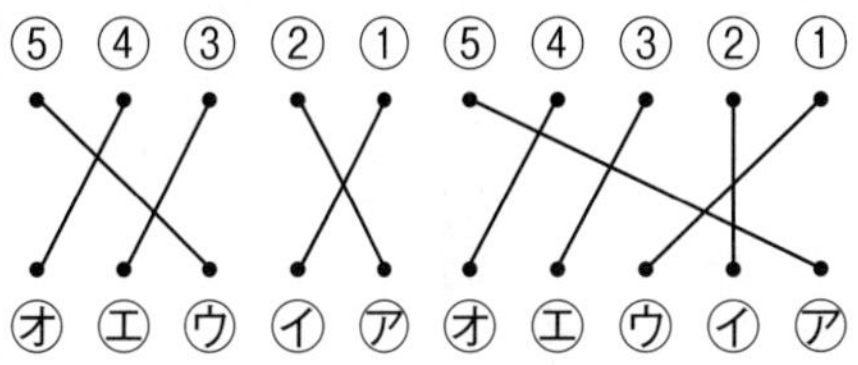

【P.61】

◎慣用句 ③

1 (1) ① 鼻 ② 手 ③ 口
④ 首 ⑤ 足
(2) ① 頭 ② 耳 ③ まゆ
④ した ⑤ 目

2 ① 馬 ② 図 ③ 実

【P.62】

◎慣用句 ④

1 ① 首 ㋒ ② 口 ㋐ ③ 目 ㋔
④ 頭 ㋑ ⑤ 羽 ㋓

2 ① ㋐ ② ㋒ ③ ㋒ ④ ㋐

【P.63】

◎慣用句 ⑤

1 ① か ㋖ ② すずめ ㋕
③ ねずみ ㋔ ④ ねこ ㋐
⑤ はち ㋑ ⑥ からす ㋒
⑦ 犬 ㋓

2 ① 花 ② きつね ③ ねこ ④ 竹 ⑤ 虫

【P.64】

◎ことわざ ①

❀ ① 頭 (い) ② 石 (え) ③ 絵 (あ)
④ 力持 (う) ⑤ 耳 (か) ⑥ 福 (お)

【P.65】

◎ことわざ ②

1 ① 犬 ② 馬 ③ カエル ④ ヘビ

2

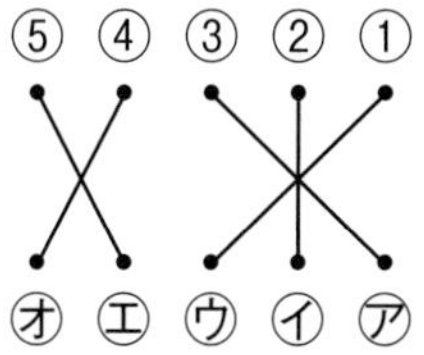

【P.66】

◎ことわざ ③

❀ ① ツル ② スッポン ③ 虫 ④ サバ
⑤ ブタ ⑥ カラス ⑦ カエル ⑧ タヌキ

【P.67】

◎ことわざめい路 ①

❀ ① 犬 ② ブタ ③ 馬
④ サル ⑤ ハチ ⑥ ネコ

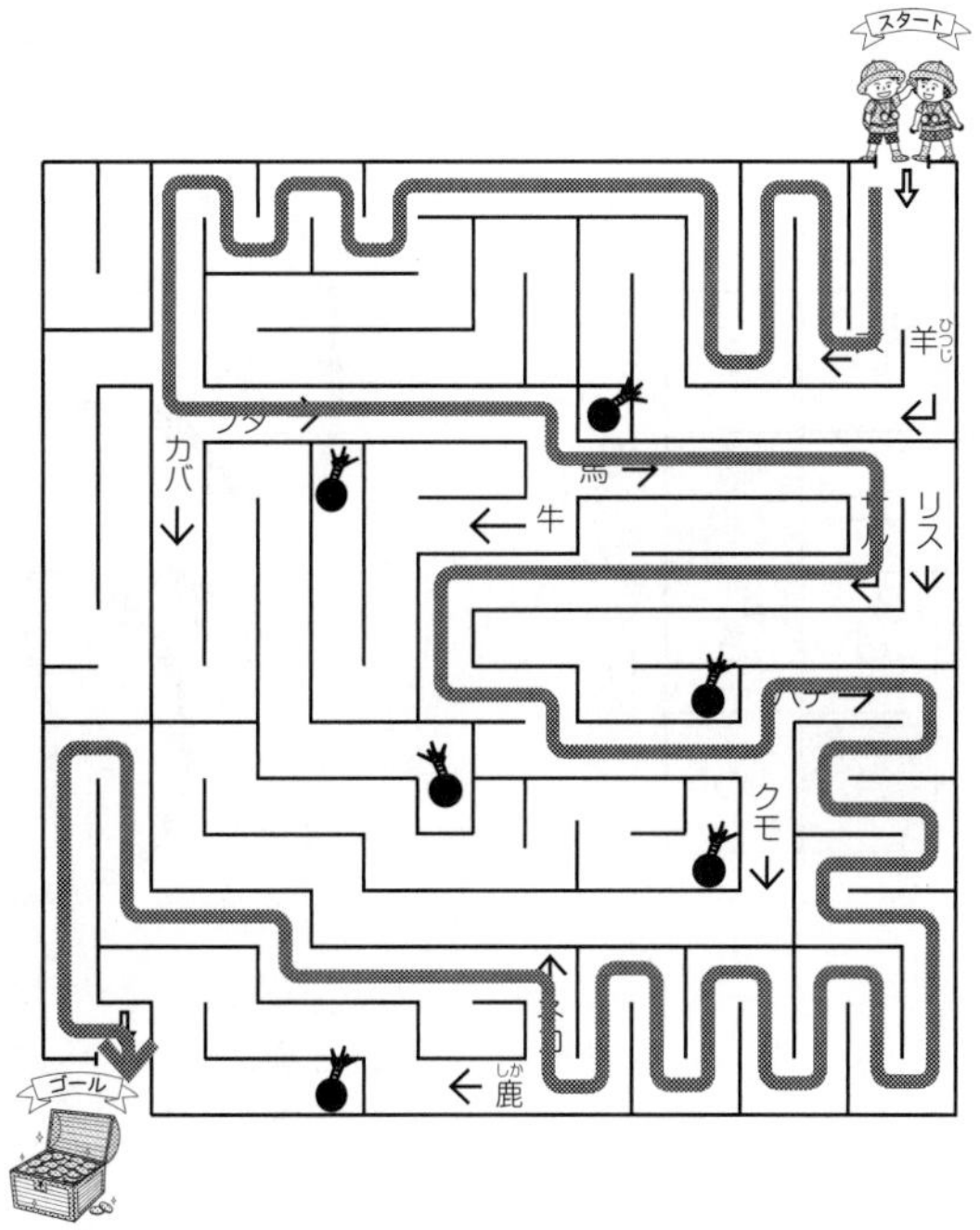

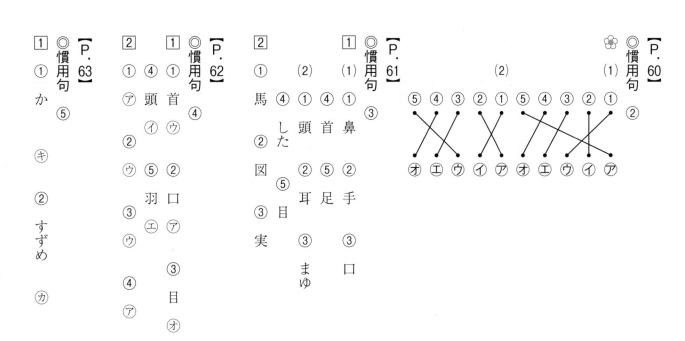

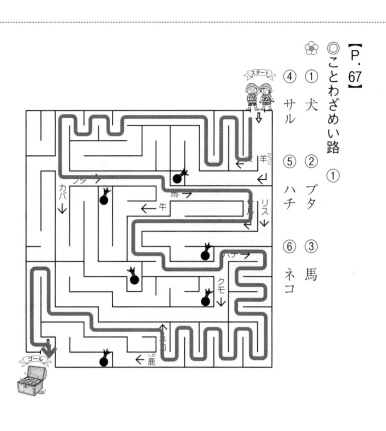

【P.68】
◎ことわざめい路　②
①七　②ぼたもち　③たんこぶ
④エビ　⑤だんご

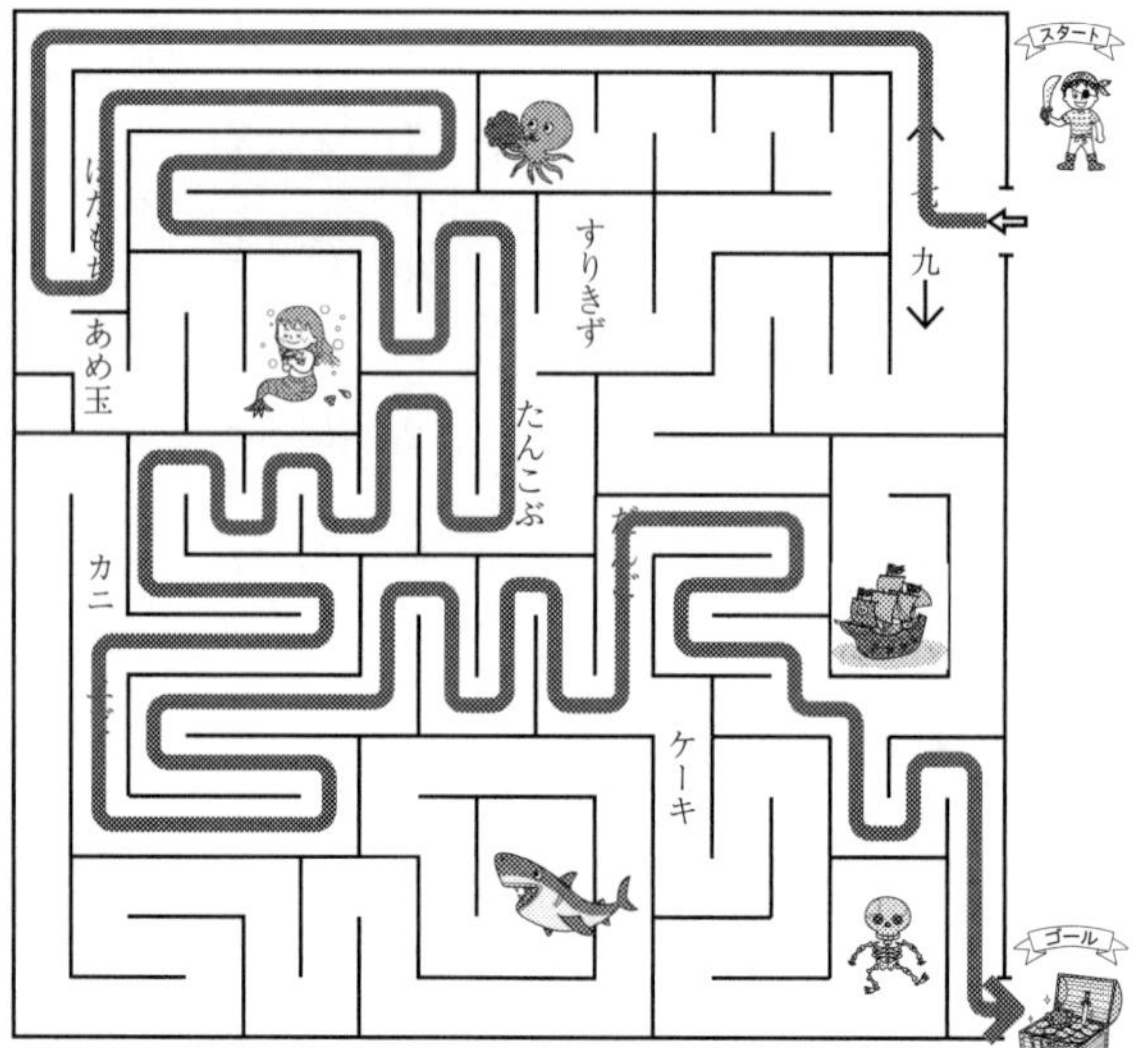

【P.69】
◎一年の主な祝日や季節行事

1月
・一日　**元日**
・十一日　**鏡開**き

2月
・第二月曜日　**成人**の日
・三日ごろ　**節分**
・四日ごろ　**立春**
・十一日　**建国記念**の日
・二十三日　天皇誕**生日**

3月
・二十日ごろ　**春分**の日

5月
・三日　憲**法記念日**

6月
・二十二日ごろ　**夏**至

7月
・七日　**七夕**

8月
・七日ごろ　**立秋**

9月
・九日　**重陽**の**節**句
・第三月曜日　敬**老**の日

11月
・三日　**文化**の日
・二十三日　勤**労感**謝の日

12月
・二十二日ごろ　**冬**至

【P.70】
◎クロスワード　5×5マス

1

1か	2た	3つ	む	4り
5し	か	く	■	す
6わ	ら	し	7べ	■
8も	じ	■	9る	10す
11ち	ま	き	■	し

2

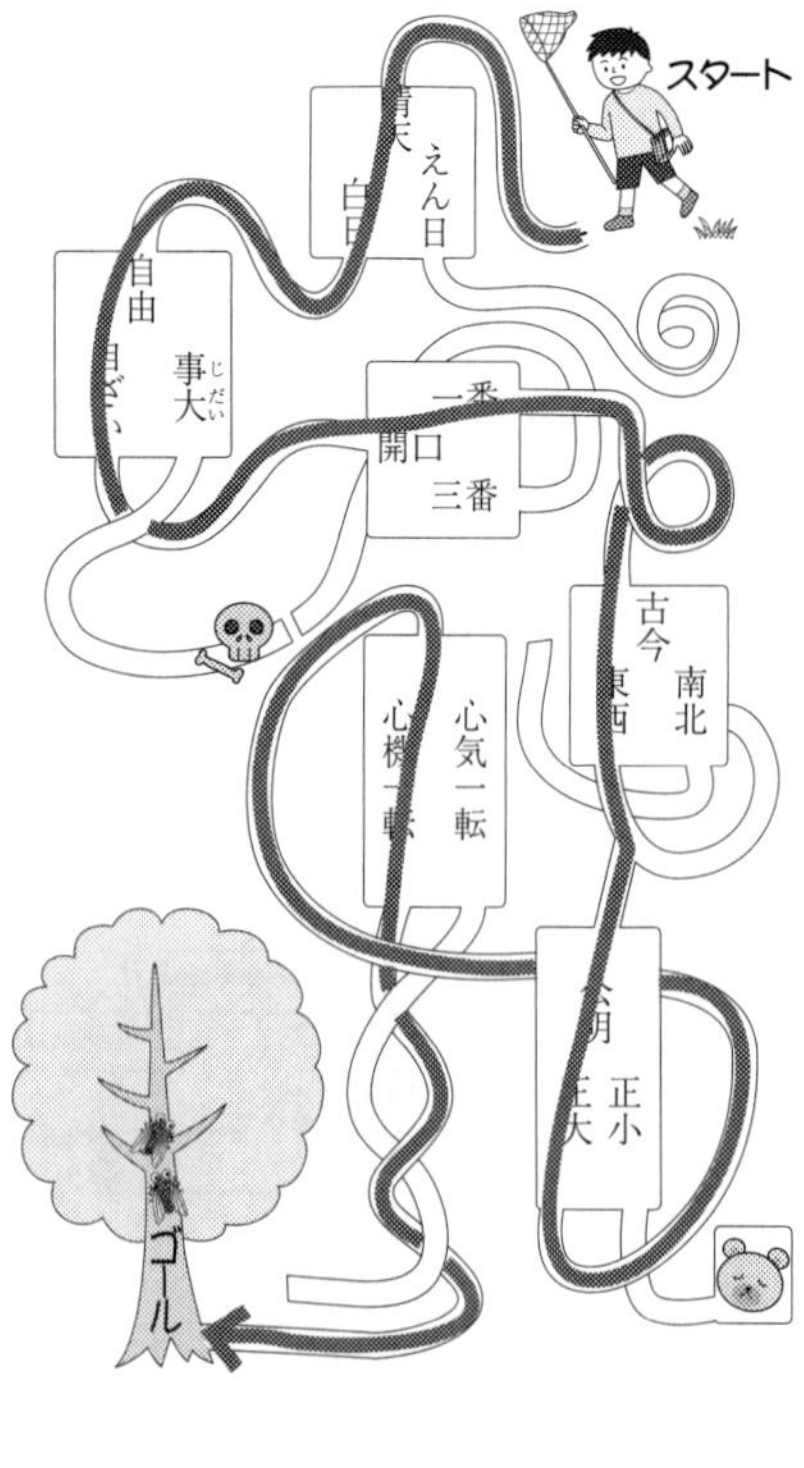

【P.71】
◎クロスワード　6×6マス　①

1す	き	2や	3き	■	4あ
い	■	5さ	く	6し	や
7か	8れ	い	■	9い	す
■	ん	■	10か	た	■
11し	こ	12く	■	13け	14さ
15か	ん	し	や	■	め

【P.72】
◎クロスワード　6×6マス　②

1お	や	2こ	■	3か	4こ
ん	■	5う	6と	う	と
7が	っ	こ	う	■	し
く	■	8う	が	9い	■
10か	11く	■	12ら	い	13う
14い	し	ば	し	■	え

【P.73】

◎クロスワード　6×6マス　③

1こ	2く	ご		3り	4か
5い	も		6い	く	ら
7の	り	8ま	き		す
ぼ		9い	る	10か	
り		に		11え	び
	12く	ち		る	

【P.74】

◎クロスワード　6×6マス　④

1て	ん	2き	よ	3ほ	4う
じ		や		5ね	つ
6な	7め	ら	8か		く
	9か	め	ら		し
10つ	く	る		11た	い
12ぶ	し		13か	き	

【P.75】

◎クロスワード　6×6マス　⑤

1ほ	2つ	き	3よ	4く	
5う	る		6こ	じ	7か
8せ	す	9じ		10や	ぎ
ん			11さ	く	
12か	し	こ	い		13く
			14ふ	た	り

【P.76】

◎クロスワード　8×8マス　①

1ま	つ	2た	3け		4と	5か	6す
ん		7き	ん	き	ち	ほ	う
8が	9む		こ		10の	う	か
	ら		11う	12え	き		い
	13さ	14め		み		15く	
16う	き	ぐ	17さ		18ぱ	せ	19り
す		20す	い	21で	ん		ん
	22う	り	ん	こ		23や	ご

マスの○の字をならべると、言葉《ことば》になります。

き	み	は	さ	い	こ	う	で	す

【P.77】

◎クロスワード　8×8マス　②

1ら	ん	2ど	3せ	る		4く	5せ
ん		6く	き		7た	う	ん
8に	し		9ゆ	10き		11き	た
ん		12で		13く	14ま		く
15ぐ	16ら	ん	17ど		18つ	19ば	き
	20つ	き	よ		21た	ら	
22え	こ		23め	24り	け	ん	25こ
い		26ふ	き	ん		27す	な

マスの○の字をならべると、言葉《ことば》になります。

よ	く	で	き	ま	し	た

【P.78】

◎クロスワード　8×8マス　③

1か	ぐ	2や	3ひ	4め		5す	6み
み		7ま	も	の		8し	か
9ひ	10た	い		11た	12こ		ん
13こ	い		14か	ま	く	15ら	
16う	ら	17な	い		18み	い	19ら
き		な		20ほ	ん	に	ん
	21り	く	ふ	う		22ち	か
	23し	さ		24い	ず		ん

マスの○の字をならべると、言葉《ことば》になります。

た	の	し	い	く	い	ず

ことばの習熟プリント あそび編　小学3・4年生

2023年６月10日　初版　第１刷発行

著　者　宮崎《みやざき》　彰嗣《しょうじ》、馬場田《ばばた》　裕康《ひろやす》

発行者　面屋　洋

企　画　フォーラム・A

発行所　清風堂書店
〒530-0057　大阪市北区曽根崎２-11-16
TEL 06-6316-1460／FAX 06-6365-5607
振替　00920-6-119910

制作編集担当　遠藤　野枝
表紙デザイン　ウエナカデザイン事務所